Antonio González de Cosío

El arte del shopping

OCEANO

EL ARTE DEL SHOPPING

© 2017, Antonio González de Cosío

Diseño de portada e ilustraciones: Bogart Tirado
Fotografía del autor: Elena Soriano

D. R. © 2017, Editorial Océano de México, S.A. de C.V.
Eugenio Sue 55, Col. Polanco Chapultepec
C.P. 11560, Miguel Hidalgo, Ciudad de México
Tel. (55) 9178 5100 • info@oceano.com.mx

Primera edición: 2017

ISBN: 978-607-527-307-5

Impreso en México / Printed in Mexico

A Lourdes Castillo y Lucy López, mis hermanas, que estoicamente han aguantado por años mi frenético shopping por todo California.

A Lucy Lara, Brenda Díaz de la Vega y Esther Gómez Amaya, con quienes he hecho el mejor shopping de toda mi vida.

A Guillem Oña Vizcaíno, por haberse pasado al lado oscuro del shopping.

A mi ahijada Matilda Fruchart Lozano, porque en sus manos deposito el futuro del shopping.

Y a mi Marc Rodríguez, porque con y a pesar de mi shopping, no ha dejado de quererme ni un poquito.

Índice

Prólogo

Cuando Antonio González de Cosío era muy pequeño y pasaba las horas meciéndose en su caballito de madera, mientras que su madre hacía los quehaceres de la casa o miraba la televisión, bastaba con que empezaran a salir los comerciales para que el niño bajara de inmediato de su caballo y se parara frente al televisor. Entonces, con la boca abierta, veía los anuncios de todo tipo de productos. Todo se le antojaba, desde cereales hasta artículos para el hogar. Quería que su mamá comprara todo. Quería que su cocina fuera idéntica a la de las telenovelas, así como la decoración de las residencias en donde se desarrollaban los tremendos dramas humanos. No, no le interesaba que la protagonista llorara por la partida del galán, o que su padre la mantuviera encerrada a llave en su recámara; lo que le llamaba la atención a Toñito era la publicidad que mostraban entre corte y corte, y la posibilidad de comprar y comprar y comprar hasta los perfumes que anunciaban. Escribe el autor con absoluto desenfado:

Sí, lo admito. Desde siempre me gustó comprar perfumes por el modelo que los anunciaba... aunque ni siquiera hubiera olido la fragancia. Hasta la fecha, me sé de memoria jingles o slogans publicitarios que marcaron mi juventud. ¿Cómo olvidar aquel de "Hay una rubia dentro de ti, déjala salir" de L'Oréal? Siempre que iba al supermercado compraba todo aquello que venía con un regalito... aunque no

13

fuera ni cercano a lo que había ido a buscar. El dos por uno, dos por uno y medio o compra dos y el tercero es gratis... siempre me ponen absolutamente excitado a la hora de comprar.

¿Qué es el consumismo? El filósofo francés Gilles Lipovetsky, especialista en el tema, nos responde:

Los grandes almacenes, en el siglo xix, inventaron el "ir de compras" como nuevo entretenimiento y crearon en las clases burguesas la necesidad irresistible de consumir. Más tarde se concibió que el célebre *five dollars day* de Ford fuese la puerta por la que el obrero accediera a la categoría de consumidor moderno. En los años veinte, la publicidad estadunidense se dedicó a dar forma a un consumidor adaptado a las nuevas condiciones de la producción en serie. El sistema de créditos, en estos mismos años y luego en la posguerra, permitió desarrollar una nueva moral y una nueva psicología por las que ya no era necesario economizar primero y comprar después. Nadie opinó en contra: el éxito fue total, ya que la "domesticación" para el consumo moderno fue más allá de todas las previsiones.

En efecto, ya no hay normas ni mentalidades que se opongan frontalmente al despliegue de las necesidades monetizadas. Todas las inhibiciones, todas las defensas "retrógradas" se han eliminado; sólo quedan en la palestra la legitimidad consumista, las incitaciones al goce del instante, los himnos a la felicidad y a la conservación de uno mismo. El primer gran ciclo de racionalización y modernización del consumo ha terminado: ya no queda nada que abolir, todo el mundo está ya formado, educado, adaptado al consumo ilimitado. Comienza la era del hiperconsumismo cuando caen las antiguas resistencias culturales, cuando las culturas locales no representan ya ningún freno al gusto por las novedades. La fase iii es esta civilización en que el referente hedonista se impone como evidencia, en que la publicidad, las distracciones, los cambios continuos de ambiente se "introducen en las costumbres": el neoconsumidor no se desplaza ya sobre un fondo de cultura antinómica.

Sí, a lo largo de todo su libro, Antonio González de Cosío, se asume como el perfecto hiperconsumista. No sabemos si admite su debilidad por autocrítico, o porque de plano lo llega a disfrutar tanto, que ya forma parte de su ADN y no le provoca la menor culpabilidad. Eso sí: con los años, nuestro comprador compulsivo ha desarrollado "una especie de coraza que impide que comprar sea más fuerte que yo"; aunque en algún otro tiempo el shopping fue tan fundamental para él, que habría estado dispuesto hasta vender a su "primogénito con tal de comprar" lo que le llenara los ojos.

¿Será cierta su aseveración? No lo creemos. Lo que sí es verdad es que González de Cosío ha desarrollado un verdadero "callo" para comprar. Ha aprendido. Ahora, ya no se deja llevar tanto por su compulsión. Cuando se encuentra frente a algún producto que le "hace ojitos", se pregunta: "¿Cuántos jeans tengo con éste? ¿Quince? ¿En serio es tan importante tener el último par de zapatos de Prada?". Siempre y cuando se lo permita su presupuesto, corre como loco hacia el almacén, compra sus maravillosos jeans, firma su tarjeta, toma el paquete y se va de la tienda con una enorme sonrisa en los labios.

"¡¡¡Yesssssss!!!", exclama el comprador mientras sujeta con las dos manos la bolsa de su compra. ¿Por qué? Porque Antonio González de Cosío sí se merece la abundancia, parodiando la frase de la exprimera dama de Veracruz. No es que compare a Karime con Antonio, más bien al contrario: mientras que el caso de la señora Duarte raya en lo patológico, González de Cosío ciertamente no hace una apología del consumismo. Al contrario: aprovecha sus experiencias, las buenas y las malas, para compartirlas con los lectores, abordando el tema con absoluta objetividad.

¿No es verdad que se dice que infancia es destino? En el caso de González de Cosío, pienso que ya estaba escrito que con el tiempo se convertiría en un gran conocedor del shopping. Ahora es un experto en cómo dominar a la bestia. Sin hipérbole, podemos decir que su adicción le ha servido muy positivamente en su trabajo como periodista de moda. Siempre está muy en contacto con todo tipo de información de la industria, siempre procura platicar con los compradores de los grandes almacenes para sensibilizarse ante la realidad de los consumistas y siempre está abierto en lo que se refiere a su creatividad y a su criterio. Antonio practica lo que predica. Es decir: compra con conocimiento de causa, con inteligencia, pero sobre todo, con res-pon-sa-bi-li-dad:

> Pero cuando descubrí que la presión la imponía más yo mismo que la sociedad; que la información tenía que estimular mi creatividad, sin predisponerme, y que podía ser un digno representante de la profesión si desarrollaba mi propio esti-lo y me liberaba de atavismos, entonces la dependencia comenzó a diluirse para dejar en su lugar una costumbre que hasta hoy me fascina, divierte, cultiva y me hace ser un individuo que puede expresarse apasionadamente a través de la ropa. Y no es fácil, porque hay que lidiar con muchos obstáculos.

Entre todos los temas del muy completo libro de González de Cosío, descubrimos que los hombres consumistas tienden a comprar más en línea que las mujeres: "Esto es ser un *compulsive buyer*. O sea que se puede ser *shopper* sin comprar, y ser *buyer* sin ir de tiendas. Claro está que hay quien puede ser ambas cosas... y esto es más peligroso, porque, al tener los dos estímulos, es más fácil caer en excesos".

Resulta interesante lo que nos dice el autor respecto a un estudio publicado en 2006 por *The American Journal of Psychiatry*, el cual indica que 6 por ciento de las mujeres son compradoras compulsivas, contra 5.8 por ciento de los hombres. Sin embargo, Boutique@Ogilvy, la firma internacional de Relaciones Públicas, nos muestra que los *shopaholics* masculinos suelen gastar en promedio 85 dólares al mes en ropa, mientras que las mujeres gastan 75 dólares. Una diferencia promedio de diez dólares a favor de ellos.

Hace veinte años escribí *Compro, luego existo*. Debo decir que era uno de los primeros ensayos narrativos sobre el consumismo que se publicaban en México. Se vendió como pan caliente. Al escribirlo aprendí mucho. Sin embargo, desafortunadamente, no aprendí a ser menos consumista. Al contrario, como Sofía, una de las protagonistas del libro, yo sigo compre y compre. Por eso me gustó tanto el consejo que nos da Antonio y que las consumistas irredentas, como yo, nos tenemos que meter en la cabeza. Se trata de un mantra maravilloso que dice: "Hoy no voy a comprar porque no necesito nada". Más adelante nuestro autor reflexiona: "Y ve así, poco a poco, hasta que consigas reducir los días de compras al mínimo posible. ¿Cuál es la frecuencia ideal? Si disfrutas mucho del shopping, pues dos veces por mes son suficientes: cuando cobras tu quincena. Y ya está".

Algo muy valioso que tiene *El arte del shopping* son los consejos para los consumistas: "*Ponte trampas*. Deja tus tarjetas de crédito en casa. Así, si la compra es impulsiva, tendrás tiempo de pensarlo mejor y saber si realmente necesitas lo que quieres comprar". He allí una gran sabiduría que nos llevará a ser menos compulsivos. Otro de los tantos consejos es ponerse límites: "Ponte un límite de compras a la quincena y trata de ser lo más estricto con él. Si te lo gastas en un solo día, podrás comprar hasta la quincena siguiente, ni hablar. Si lo divides y utilizas en varios días, perfecto, mientras no te sobrepases".

¿Cómo podemos saber si nuestra forma de comprar es sana o no lo es? Los síntomas que describe González de Cosío son clave. Estoy segura que muchos lectores se identificarán con ellos:

- Si compras regularmente cuando estás en un estado anímico bajo. Comprar para "curar" estados emotivos como tristeza, soledad, enojo o frustración de manera periódica, en definitiva, no es sano. Si lo has hecho una vez o dos, es perfectamente válido. Pero si estos episodios son constantes, ponte alerta.
- Si cuando compras sientes un subidón de adrenalina, pero más tarde, cuando desaparece, llegan el arrepentimiento y la culpa.
- Si lo que compras va a parar a un rincón del armario, te olvidas de ello y cuando lo descubres, meses más tarde, te das cuenta de que ni siquiera te gustaba.

- Si el desenfreno en tus compras te ha puesto en apuros financieros graves.
- Si tu manera de comprar y gastar te ha causado problemas y crisis familiares.

En relación con el consumismo desenfrenado que vive en estos momentos el mundo, y la manera en que ha cambiado al planeta y nuestras conciencias, ya ni culpa sentimos al consumir tan desmedidamente. No hay duda que nuestra conciencia es cada vez más laxa y más permisiva respecto a nuestro shopping. Gilles Lipovetsky reflexiona acerca del papel de la Iglesia alrededor del consumismo:

Ni siquiera la religión representa ya una fuerza de oposición al avance del consumo-mundo. A diferencia de lo que ocurría en el pasado, la Iglesia no pone ya por delante las ideas de pecado mortal, no exalta ya el sacrificio ni la renuncia. El rigorismo y la culpabilización se han atenuado mucho, lo mismo que los antiguos temas del sufrimiento y la mortificación. Mientras las ideas de placer y deseo se desvinculan del "pecado", la necesidad de cargar con la propia cruz ha desaparecido. No se trata ya tanto de inculcar la aceptación de las adversidades sino de responder a las decepciones de las mitologías seculares, que no han conseguido mantener sus promesas de aportar la dimensión espiritual necesaria para la plenitud de la persona. De ser una religión centrada en la salvación de ultratumba, el cristianismo ha pasado a ser una religión al servicio de la felicidad mundana que pone el acento en los valores de la solidaridad y el amor, en la armonía, la paz interior, la realización total de la persona. Por donde se ve que somos menos testigos de un "retorno" de lo religioso que de una reinterpretación global del cristianismo, que se ha adaptado a los ideales de felicidad, hedonismo, plenitud de los individuos, difundidos por el capitalismo de consumo: el universo hiperbólico del consumo no ha sido la tumba de la religión, sino el instrumento de su adaptación a la civilización moderna de la felicidad en la tierra.

El arte del shopping, de Antonio González de Cosío, es un libro indispensable en la era del hiperconsumo y de la globalización. Además de guiarnos y darnos mucha luz respecto a las trampas que impone la publicidad, nos pone frente al espejo ante nuestro consumismo cuando llega a ser estéril e irresponsable.

GUADALUPE LOAEZA

Prefacio

Jean Paul Gaultier
y el shopping sexy y divertido

JEAN PAUL GAULTIER ES UNO DE MIS HÉROES. SU GENIALIDAD PARA ENCONTRAR belleza sublime en donde otras personas sólo hallarían sordidez o morbo siempre me ha conmovido y resultado tremendamente estimulante. Creo que su visión creativa es toda una filosofía de vida. Siempre ha jugado con la androginia, tomando prestados elementos del género masculino para traspasarlos al femenino y viceversa. En un momento en que se busca la equidad de géneros más que nunca, la moda y visión de Gaultier no podían ser más oportunas. Pero, dicho de forma descarnada, al final de cuentas él es un creador que produce prendas para ser vendidas, de modo que me encuentro con él en París para preguntarle sobre el shopping ideal. ¿Qué mejor manera de comenzar un libro sobre el tema?

Sentado a su lado en una butaca de Le Grand Rex, el antiguo e histórico cine de la Plaza de la Bolsa, le cuento sobre mi primera compra de moda verdaderamente atrevida: una falda masculina suya. Le digo que, a pesar de lo controversial de la prenda, nunca me he sentido más viril y poderoso que llevándola puesta. Él ríe y me dice que le parece fantástico que los hombres tengamos hoy la posibilidad de comprar moda como las mujeres:

Una mujer con un traje masculino le toma prestado su poder a un hombre, y un hombre con una falda le toma prestado su *sex appeal* a una mujer. Me encanta que el mundo de las compras ofrezca tanto y tan variado para ambos géneros. Cuando comencé a trabajar, a mis 18 años, en el *atelier* de Pierre Cardin, recuerdo que un anuncio de un chico en ropa interior causaba revuelo en París. ¿Por qué?, me preguntaba, ¿acaso sólo puede haber anuncios con mujeres desnudas? Eso era muy sexista. Los hombres, lo mismo que las mujeres, pueden ser atractivos sexualmente y no por ello ser estúpidos. Lo sexy no está peleado con la inteligencia ni con el poder o la seriedad. Me gusta que, hoy día, los hombres compren más conscientes de su figura, y que las mujeres sean capaces de integrar el *sex appeal* a sus atuendos cotidianos, sin por ello tener una moral disoluta. Y si te rocías con una de mis fragancias, es ya la perfección...

El mundo de las compras está cambiando mucho y a una velocidad tremenda. A veces, uno tiene que detenerse un poco para entender qué es lo que está sucediendo ahí afuera. Yo decidí darme un break con mi línea *prêt-à-porter* porque... ¡todo está yendo tan deprisa! Los jóvenes compran en Zara y H&M, y una clienta que compra lujo odia ver que una prenda que compró dos meses atrás, ahora cuesta la mitad en la boutique. Esto no sucedía antes, el ritmo era otro. Pero así es la evolución del sistema de la moda: simplemente hay que replantearnos una estrategia para continuar. Por eso actualmente sólo me estoy centrando en mis colecciones de *haute couture*: éste es un mundo donde el lujo sigue siendo lujo.

¿Comprar para mí? Soy pésimo para el *fitting*. Así como soy obsesivo en mis desfiles para los modelos, si se trata de probarme ropa, yo lo detesto. Quizá me puedo probar una chaqueta y ya está... No me gusta tampoco que me aconsejen, tengo muy claro lo que me gusta y lo que no. Quizá puedo escuchar a un buen amigo que me dice si lo que estoy comprando se me ve ridículo [ríe a carcajadas]. Pero, en general, soy bastante claro en este tema. Tampoco soy muy apegado a vestir sólo con la ropa que diseño. Y no porque no me guste, sino porque trabajo tanto con ella, que al final me apetece usar cosas variadas. Claro que uso prendas mías, pero me gusta mezclarlas con la de algunos otros diseñadores que admiro también. Me gusta mucho comprar. Me divierto muchísimo cuando lo hago. Y creo que ésa es la clave de un buen shopping: que el proceso de adquirir moda sea siempre irremediablemente divertido.

1. El día que el shopping se volvió parte de nuestra vida

La escritora australiana Lee Tulloch escribió en 1989 una novela que cambió por completo mi enfoque sobre el mundo de la moda: *Fabulous Nobodies*, que se tradujo al español como *Gente fabulosa*. Es una pena que no haya sido más apreciada, porque hubiera sido fantástica como argumento para una película. Está escrita en el mismo tono de *The Devil Wears Prada* (*El diablo viste a la moda*), pero con un enfoque mucho más aterrizado. El personaje es una mujer completamente abducida por la moda: la conoce a profundidad, la venera, haría lo que fuera por conseguirla... pero al ser pobre como un ratón, tiene que buscar formas alternativas de ser fabulosa. Uno de sus rasgos más deliciosos es que dota de animismo a sus prendas de vestir. Cada uno de sus vestidos, faldas o chaquetas tiene personalidad y vida propia; incluso ella afirma que le gusta tanto la ropa "porque es mejor que muchas personas que conoce". Yo alguna vez he llegado a pensarlo también. Y también le he dado vida a alguna que otra prenda de vestir: recuerdo que hace años moría por comprar una chaqueta de Chanel, *mi primera* chaqueta de Chanel. Fui a la boutique y me probé una que me quedó pintada, y como era de un par de temporadas atrás, podía conseguirla con descuento. ¡Dios! Me quedaba tan bien: negra, a la cadera, desflecada y con detalles tejidos en blanco. Me estaba quemando el cuerpo. Pero justo dos semanas antes había renunciado a mi trabajo de planta y había vuelto al mundo *freelance*. Tuve que colgarla de nuevo en su sitio y pedir que me dejaran pensarlo un poco. Me fui a casa, saqué cuentas, traté de mover dinero de un lado a otro, hacer una venta de garaje para conseguir algo de efectivo, pedir prestada una parte... Todos esos malabares que hacemos los shopaholics cuando algo se nos mete entre ceja y ceja. Pero, con todo y eso, la chaqueta seguía fuera de mi alcance y hubiera sido una irresponsabilidad comprarla, por muy bueno que fuera el precio. Pasó alrededor de un mes cuando por fin me ofrecieron otro trabajo fijo y con mejor salario que el anterior. Además de la alegría de emprender un nuevo proyecto profesional, se sumaba a ella el hecho de que ya podía ir corriendo por la chaqueta para hacerla mía. Recuerdo perfectamente el día: era un viernes, me arreglé, me perfumé y con un subidón, mezcla de nervios y entusiasmo, me dirigí a la boutique por ella. Pero al llegar, me dieron una terrible noticia: la chaqueta se había ido a destrucción. El alma se me fue al piso. No lo podía creer. Yo ya sabía que las grandes casas de moda destruían las prendas que no vendían después de un tiempo determinado para mantener su status exclusivo e imagen, pero jamás pensé que lo fueran a hacer con *mi chaqueta*. Ese viernes fui a casa y lloré por el resto de la tarde. Lo juro. Sentía como si hubiera muerto un ser querido. Cuando se lo conté a un amigo que me llamó esa noche, me dijo incrédulo: "¡Por Dios Santo, es sólo un saco!". Y sí, lo era. Pero para mí significaba mucho más que eso. Era una conquista, la oportunidad de vestir un momento especial, la comprobación de que había alcanzado un buen punto en mi vida personal y estilo. Y aunque ahora lo veo todo con una perspectiva muy diferente, en aquel momento así lo sentía.

A quienes nos chifla la moda —y no sólo hablo de ropa, sino también de gadgets, cocina o cultura— alguna vez nos hemos sentido así. Vemos estos pequeños objetos como seres que nos hacen la vida mejor, más cómoda, más bonita. Y no, la moda no es indispensable para vivir, pero, sin duda, el mundo sería un lugar con muy poca gracia sin ella.

Como fenómeno cultural, la moda ha existido desde que el mundo es mundo. Desde la prehistoria, nuestro cuerpo se ha ido cubriendo con más o menos sofisticación, pero siempre con una idea diferente en la mente de cada época. Hoy, más que nunca, sabemos que la moda es una expresión cultural de las sociedades y los individuos que las conforman. A través de ella se puede reconocer, más o menos, la zona geográfica a la que alguien pertenece, su nivel sociocultural, religión y hasta profesión. Pero no hay que perder de vista un detalle importante: para vestir —o no— a la moda, primero que nada, hay que comprarla.

Shopping ayer, hoy y mañana

No voy a ir demasiado atrás tratando de explicar la relación comercial de las primeras sociedades del planeta; este libro no es de esa clase. No obstante, sí me interesa exponer cómo se solía comprar antaño —desde las generaciones de nuestros abuelos o poco antes— para entender las circunstancias en las que estamos y, especialmente, a las que nos dirigimos. Comprar, hasta hace un par de generaciones atrás, no era sino el mero acto de adquirir un bien para cubrir una necesidad. Se compraba comida, ropa, cosméticos y muebles en tiendas creadas ex profeso para cada rubro. A pesar de que desde la segunda mitad del siglo XIX ya existían unas incipientes tiendas departamentales en la ciudad de México —El Palacio de Hierro y El Puerto de Liverpool—, no fue sino hasta finales de la Revolución Mexicana que éstas comenzaron realmente a ser parte de la conciencia colectiva del comprador.

Hasta entonces, como mencionaba, las cosas se compraban en tiendas especializadas: boneterías —donde se encontraba la ropa interior y prendas básicas de vestir—, sombrererías, zapaterías, joyerías, incipientes tiendas de ropa, tiendas de telas —la gente se mandaba hacer su propia ropa— y mercerías, donde se compraban todos los aditamentos de costura y alguna cosa más como guantes o joyería de fantasía.

Aunque en otras partes del mundo el comercio evolucionó de muy diferente forma —la Europa posterior a la Segunda Guerra mundial no vivió la misma bonanza que Estados Unidos, por ejemplo—, México y muy probablemente el resto de América Latina mantuvieron la misma fórmula comercial hasta antes de la globalización. Los *baby boomers* y la Generación X todavía alcanzamos esta forma relativamente básica de comprar. Las personas de más de 40 años y que no son "totalmente Palacio" o "*priceless*-Mastercard" se sentirán muy identificadas con lo que les cuento a continuación...

Quizá podría llamársele "Un día en la vida de...", pero sería bastante pretencioso de mi parte. Tomen un sábado cualquiera del año 1972. Yo, con siete años, salgo de la mano de mi tía, de nuestro departamento de la calle Belisario Domínguez en el centro de la Ciudad de México. Dentro de una semana empezaré a cursar el segundo grado de primaria y, por lo que las madres califican como "el estirón", mi ropa ya no me queda; mis zapatos, que habían recibido un par de reemplazos de suelas, necesitan jubilación urgente. Así, damos inicio a lo que hoy definiríamos como un día de shopping, pero en aquella época era simplemente prepararse para la vuelta a la escuela.

La primera parada fue en la zapatería ubicada en las calles de Isabel la Católica y Madero, donde, desde que aprendí a caminar, me compraban los zapatos. Me probé algunos pares; mi tía quería estar segura de que me quedaban lo suficientemente holgados, para que duraran, como mínimo, seis meses más. Así, con unos bostonianos negros en mano y enojado por no poderlos estrenar aún, seguí el recorrido a su lado. Hicimos una escala rápida para recoger el Calèche de Hermès de mi tía en la Perfumería Tacuba, y de ahí nos dirigimos a El Palacio de Hierro del Centro, donde compramos el suéter rojo que era parte del uniforme de la escuela. Luego cruzamos a Al Puerto de Veracruz para comprar la tela para que doña Socorro, la costurera que vivía en el edificio frente al nuestro, me hiciera los pantalones del uniforme.

La siguiente parada fue en la calle de República del Salvador, en una bonetería donde me compraron calzoncillos, calcetines, camisetas sin manga y pañuelos por docena, para todo el año, claro. Ya cansados, mi tía y yo nos detuvimos en el Casino Español para comer, porque a ella le fascinaba la paella de ese lugar. Saciados, felices y cargados, bajamos por la calle de Palma para comprar los útiles escolares. En el camino, nos detuvimos en una tienda de abrigos cuyo dueño era un argentino, amigo de mi tía, que le enseñó un abrigo rojo de paño que nunca olvidaré. El estilo era súper Balenciaga, pero del tercer mundo. A ella le fascinó, pero estaba indecisa por el precio. Lo consideraba una extravagancia. Pero el argentino, buen comerciante, le hizo una rebaja considerable, y de "pilón" le regalaría uno para mí. Así fue como mi tía terminó comprándose su inolvidable abrigo rojo y yo estrenaría uno en paño Príncipe de Gales gris con un cuellito de borrega. ¡Wow! Los dos estábamos felices. Por fin hicimos la última parada en la papelería El Globo, de República de Cuba, para comprar todos los útiles escolares y una mochila, ésas de cuero en color naranja ladrillo —como las que se pusieron de moda últimamente—, tan resistentes que terminabas desechándolas más por hartazgo que por deterioro. Cansados, gastados y felices, volvimos a casa con todo el armamento necesario para mi vuelta al colegio.

Esto puede sonarle a muchos de ustedes como un sábado cualquiera de este siglo y este año, con algunas variaciones, claro —creo que ya nadie compra tela para hacerse ropa. ¿Cuál es la diferencia entonces? Que después de aquel sábado no volvimos a tener un día parecido, quizás hasta seis meses más tarde, cuando se acercaba la navidad. Y en la actualidad, un día como aquel puede ser la actividad de un sábado... y del siguiente también.

Lo que ha sucedido de algunas décadas para acá, es que el shopping se convirtió en un pasatiempo y dejó de ser una necesidad. De hecho, la escritora Marie-Pierre Lannelongue, en su libro *Los secretos de la moda al descubierto* (editorial Gustavo Gili, 2008) lo describe como "un pasatiempo elegante". Antaño, los pasatiempos de la gente común y corriente de clase media consistían en leer, ver televisión, ir al cine de vez en cuando, escuchar música, salir a un parque, ir de paseo o ver aparadores simplemente para entretenerse, no necesariamente para comprar. Yo recuerdo que me podía pasar horas en la ventana "viendo la calle". Ése era mi pasatiempo favorito de niño... y leer, claro. El shopping llegó a mi vida más tarde.

Los compradores hemos sufrido un cambio de mentalidad a la hora de adquirir una prenda, un objeto. Cuando era niño, se compraban las cosas pensando en su duración y, por ende, en su calidad. Cuando mi tía se compró aquel abrigo rojo, suplió con él uno que llevaba ya diez años en su armario, y que según ella seguía estando estupendo. La ropa para los niños se compraba una talla más grande "para que aguantara por lo menos al año que entra". Las prendas de vestir se reparaban con los sastres y las costureras, el calzado con los zapateros, y los electrodomésticos, dado su alto precio y su relativamente limitada producción, también eran reparables. Recuerdo un anuncio en el periódico que invitaba a los jóvenes a estudiar la carrera del futuro: "ingeniero radiotécnico" —creo que era sólo un título, porque se trataba de una carrera técnica—, ya que con la llegada del progreso, más gente tuvo televisiones, tocadiscos, consolas y los radios en las casas se multiplicaron, de modo que su reparación creó la demanda de un servicio y dio vida a una nueva profesión... que duraría sólo unas cuantas décadas. Los reparadores de licuadoras u ollas exprés, los sastres de barrio y los reparadores de maletas están prácticamente extintos. Los relojeros, joyeros, zapateros y costureras son cada vez más escasos.

¿Qué fue lo que sucedió? Que con la globalización, *más gente* pudo tener acceso a *más cosas*. Las marcas de perfumería y de moda comenzaron a producir de forma masiva y, con ello, los costos de sus productos descendieron y más gente pudo comprarlos. Pero, aunque esta democratización de la moda o la cosmética es algo positivo —todo el mundo debería tener derecho a adquirir cosas lindas—, también trajo consigo otra serie de inconvenientes: al bajar los precios, en muchos casos se sacrificó también la calidad, lo cual hizo que la duración de los productos fuera más corta. El protagonista de la película *Kinky Boots*, heredero de una vieja fábrica de zapatos británica, contacta con un distribuidor para venderle un lote de calzado. Éste declina la oferta argumentando que los zapatos hechos en China cuestan una mínima fracción de lo que cuestan los suyos. El protagonista rebate: "¡Pero ésos duran seis meses, los míos son para toda la vida!", así que el distribuidor, con una sonrisa de oreja a oreja, le responde: "¡Exacto! Entonces, a los seis meses, el cliente vendrá a comprase otro par". Quizás eso se ha trasminado a nuestra psique: ya no queremos cosas que duren toda la vida, ¿para qué? ¡Qué *aburrido!*, podrán decir algunos; un mundo tan cambiante nos exige ser cambiantes a nosotros también. No entiendo muy bien qué fue primero, el huevo o la gallina: si fuimos nosotros —ante el bombardeo informativo— quienes comenzamos a demandar novedad y la industria a satisfacernos; o si fue la industria que, con su gran oferta, comenzó a generarnos esta sed insaciable de cosas nuevas. Y justo aquí estamos ahora.

El shopping como ciencia

Si me pongo a pensar, una vez más, en el abrigo rojo de mi tía y reflexiono que era el primero que se compraba después de diez años, me pregunto si realmente han cambiado nuestras necesidades desde entonces. Para cubrirnos del frío, un abrigo basta, ¿no? Ella tenía dos que podía combinar con más atuendos... y la verdad es que la Ciudad de México tampoco es un sitio para ir de abrigo todo el invierno. El clóset de mi tía era bastante pequeño, mediría unos 1.5 metros cuadrados. Ahí tenía algunos trajes sastre para la oficina, un par de faldas, pantalones, un vestido de lamé plateado para fiesta y, colgado en la puerta, un zapatero donde estaban sus no más de ocho pares de zapatos. Bolsas tendría unas cuatro en total... cinco si tomaba en cuenta su *minaudière* de noche. Y con éstas, que pueden parecernos pocas piezas, mi tía fue siempre una mujer excelentemente vestida, porque combinaba y sacaba muy buen partido de las prendas que tenía. Con ellas tenía cubiertas no sólo sus necesidades básicas de vestir, sino también las que implicaban diversión y vanidad. Antaño, los estilos eran más uniformes y el discurso de elegancia era bastante unívoco. Christian Dior dijo: "Tener buen gusto es tener el mío", y los códigos del buen vestir eran muy pocos, lo mismo que las figuras que se tomaban como referente: Audrey Hepburn, Grace Kelly, Maria Callas, Doris Day... en fin. Pero a partir de la serie *Dinasty* y sus protagonistas femeninas, los conceptos de elegancia y buen gusto, tal como los conocíamos, se tambalearon, cayeron y, al hacerse pedazos, surgieron muchas otras formas nuevas de vestir, de ser elegante, de tener buen gusto, o mejor aún, de tener estilo —lo que, como he dicho muchas veces, no necesariamente tiene que ver con todo lo anterior. Las tendencias de moda se multiplicaron, y con ello las posibilidades de un individuo para vestir más empáticamente con su personalidad.

Volviendo a nuestra época, y continuando con la idea de necesidad, vienen a mi mente los tres abrigos que me compré el invierno pasado en Zara. ¡Tres! Claro, con casi 80 por ciento de descuento en época de rebajas. Sí, me los pondré. Sí, están lindos, y más aún por el precio que pagué por ellos. No obstante, ¿los necesito? La respuesta consciente y honesta es: no. O por lo menos no físicamente —no me los pondré juntos para tener menos frío—, pero emocionalmente sí, me hacen falta para saciar mi necesidad de novedad y porque se suman a un guardarropa que expresa mi estilo, mi forma de ser y de ver la vida. Es verdad, hoy compramos más, pero también las personas tienen el poder de expresarse en formas más variadas, de manifestar sus estilos y formas de ver la vida a través de la ropa. Las tribus sociales, los guetos de moda, las variantes de los diversos estilos profesionales.... todo esto ha nacido gracias a que la oferta de moda se ha ampliado. Si antes sólo existían tres opciones de alguna prenda, ahora tenemos treinta; por ende, nuestras posibilidades de vernos bien o mal, cabe decirlo, se han multiplicado asimismo. Y en este canal estamos los individuos hoy día: compramos realmente poco por necesidad y mucho por placer, entretenimiento y, cada vez más, por una fuerte necesidad de pertenecer. Las compras son complejas, a veces inexplicables; son, en pocas palabras, una ciencia.

Sí, una ciencia. Se estudian como tal en las universidades y se analizan de manera psicológica y sociológica para ir siempre por delante del consumidor. La famosa mercadotecnia, de la que seguro muchos de ustedes han oído hablar, no sólo se las ingenia para satisfacer nuestros deseos, sino que —bastante astuta— nos va generando nuevos para luego satisfacerlos... y así sucesivamente, en un bucle que puede no tener fin. Ya hablaré de esto más adelante y a profundidad. Paco Underhill, en su libro *Why We Buy* (Simon & Schuster, 1999) asegura que el marketing busca adaptarse cada vez más a las necesidades del comprador para capturarlo más, para que razone menos y, claro, compre más. Por ejemplo: imagínate un dispensador de farmacia donde cuelgan los *blisters* de las pinzas de depilar. Generalmente, en cada barra se cuelga el mismo producto, así el comprador toma el primero que tiene enfrente, o si es mañoso como yo, saca el primero que ya está "manoseado" y se lleva el segundo o el tercero. Pero me ha tocado ver algunas tiendas donde en la misma barra cuelgan diferentes productos y, para mala suerte, el que quieres es el que está justo atrás de todos. Si lo necesitas mucho o realmente lo deseas, te tomas la molestia de sacar todos los productos, uno por uno, hasta llegar al que quieres. Pero en una compra impulsiva, al ver todo lo que tienes que hacer para conseguir lo que quieres, abortas la misión. No te lo ponen fácil. "¡Qué pereza!", dices, y te vas de ahí sin comprar. Algo muy malo para el negocio. El marketing se dedica a hacerte la vida fácil y a hacer que los productos sean accesibles para el consumidor, porque en esto justamente radica una barrera entre comprar... o no hacerlo.

La mercadotecnia es una ciencia que me apasiona y que ofrece un gran valor a la industria de la moda, lo mismo que a muchas otras. No tiene nada de malévola; estimular el consumo es su trabajo, y lo hace de maravilla. Crea un entorno maravilloso que te seduce y hace que el shopping se vuelva una experiencia placentera.

Por hacer una comparación: imagina que alguien te asigna una mesa preciosa en un restaurante y tú sólo tienes que sentarte a disfrutar. Pero tú no irías a un restaurante a comer lo que te sirvan sin ver la carta y decidir lo que te gusta, ¿o sí? Aunque todo esté delicioso, *no es lo que tú quieres*; así de simple. Es importante que tu relación con el marketing y el shopping sea inteligente: que te dejes informar, seducir, pero que al final seas *tú* quien elija qué comer en esa mesa tan divinamente arreglada, que seas *tú* quien decida qué comprar en esa tienda tan irremediablemente seductora, y no dejar que alguien más decida por ti.

Mi intención en este libro es justo ésta: que participes en el juego del shopping, que te asombres y dejes llevar por el marketing, la publicidad, las revistas, las redes sociales y sus *influencers* que te susurran al oído: "Tienes que poseer esto", "Tienes que representar esto". Sí, pero al final, la decisión que tomes al ir a una tienda y salir de ella con una compra, debe ser una decisión realmente tuya, pensada con la cabeza y sentida con el corazón. No importa si es útil o no: si te llena y hace feliz, entonces ya estás en el camino de ser un comprador inteligente.

Pero ¿y el futuro? Las compras virtuales están conquistando más y más terreno y se convertirán en la más popular manera de comprar en poco tiempo: por comodidad, por eficiencia, por la variedad de la oferta. No obstante, creo que aún nos quedan muchos felices años de *window shopping* y de probarnos prendas, tocarlas, apreciarlas... y de salir de la boutique felices con una *shopping bag*, sintiendo que, aunque sea por ese momento, el mundo no es un lugar tan malo.

Les digo ahora, y lo diré repetidas veces en este libro: mi intención no es emitir juicios y decir qué está bien o mal. Creo que a nadie nos gusta que nos sermoneen, que nos digan qué hacer o qué no. Ya todos somos adultos para saber lo que nos conviene, faltaría más.

En las siguientes páginas expondré mi punto de vista y el de algunas otras personas para tener una perspectiva más realista, inteligente y sana del shopping. ¿Me acompañan?

2. ¿Por qué compramos?

ÉSTA, QUERIDOS LECTORES, ES LA PREGUNTA DEL MILLÓN DE DÓLARES. Y AUNQUE de entrada podría tener la obvia respuesta de que compramos con el fin de cubrir una necesidad, hoy día comprar es un acto muchísimo más complejo que eso. La aparente necesidad no es más que la punta del iceberg. Comprar muchas veces ni siquiera tiene que ver con satisfacer necesidades, o por lo menos no vitales o tangibles. Las compras se han convertido no sólo en parte orgánica de nuestra existencia, sino que también muestran nuestra forma de ver el mundo y cómo nos presentamos ante él.

Con el desarrollo de las sociedades modernas, la evolución en la vida de los individuos nos ha llevado a diferentes territorios emocionales y hábitos antaño inexplorados. Términos como "estrés", "crédito", "vida saludable", "vegano", "fashionista", "escapadita a Nueva York" o "mensualidades sin intereses" se han incorporado a nuestra cultura hará cosa de unos cincuenta años. Imaginemos a una familia de clase media de los años sesenta —década en la que yo nací—: la madre se dedicaba a su hogar y sus hijos, el padre era el proveedor y todos llevaban una vida bastante "normalita". Tenían solamente una televisión —con mucha suerte a color—, un coche, vacacionaban una vez al año y casi siempre dentro de la república. Todos, hasta el perro, comían la misma comida, y se compraba ropa o zapatos cuando era estrictamente necesario, es decir, cuando se gastaban por completo. Si había necesidad de adquirir algo costoso —electrodomésticos o mobiliario— solía hacerse en pagos que el abonero cobraba periódicamente, de casa en casa. Otra forma primitiva de obtener dinero adicional para gastos extraordinarios era mediante las "tandas", en las que un grupo de personas aportaba una cantidad determinada —semanal o quincenalmente—, y en cada entrega una de ellas recibía todo el dinero, para usarlo en lo que quisiera... Un verdadero antecedente de los "meses sin intereses" de las tarjetas de crédito. La familia en cuestión salía los fines de semana a pasear a un parque o a visitar a algún pariente, y cuando estrenaban alguna película familiar —cada dos o tres meses—, iba al cine. A un milenial, esta vida debe parecerle el escenario del más puro aburrimiento. Y puede ser que ese tiempo no fuera tan trepidante como el que vivimos ahora, pero tenía su encanto, y había algo más allá: se gastaba muchísimo menos.

La globalización, las comunicaciones y los avances de la tecnología democratizaron al mundo hasta tal punto, que muchas cosas que eran privativas de clases sociales altas se volvieron accesibles a personas con ingresos más modestos. Los electrodomésticos y automóviles, los viajes, la ropa y la llegada del mundo tecnológico y sus gadgets ya totalmente integrados a nuestra cotidianidad —celulares, computadoras, reproductores de mp3— se pusieron al alcance de las masas gracias a dos factores: los precios cada vez más accesibles y... ¡el crédito! El bendito crédito, que hasta ese entonces se utilizaba sólo para comprar casas o coches, de pronto sirvió para hacernos de muchas otras cosas más cotidianas. Si alguien me hubiera dicho hace veinte años que íbamos a pagar el supermercado con una aplicación del teléfono celular, lo hubiera tachado de loco. Todo esto, que hace un tiempo hubiera parecido ciencia ficción, dio un gran giro a nuestro estilo de vida. Accedimos a nuevas comodidades, a elementos que hicieron nuestra existencia más placentera y más moderna. Ese avance, que trajo incontables beneficios al individuo, también creó nuevas necesidades. Y como las necesidades no cubiertas generan frustración, emprendimos una carrera frenética para poder satisfacerlas.

Sí; comenzamos a ver cine en casa gracias a las videocaseteras, pero había que comprar los videocasetes; a hacer ejercicio, pero tuvimos que equiparnos para ello... y también a comer sano, lo cual es mucho más caro que lo que solíamos comer antaño cotidianamente. Empezamos a viajar más, pero hubo que invertir en todo lo que el turismo requiere, por mucho que se hiciera de forma modesta. Las familias compraron más de un coche, más de un televisor, más de un par de zapatos... más. Y aquí fue donde el shopping comenzó a ser parte medular de nuestras vidas.

El acto de comprar

Ante la nueva demanda, nacida de las necesidades generadas por esta nueva era, también la oferta creció desmesuradamente. Supermercados, malls, boutiques, el nacimiento de los restaurantes de *fast food*, del *fast fashion*, de las compras en línea... todo para acompañar nuestro vertiginoso ritmo de vida que también se volvió *fast*. La modernidad nos envolvió en un ritmo acelerado de adquisición de bienes materiales que nos confortan y sirven como un contrapeso de lo negativo que implica vivir a este ritmo acelerado. ¿Me explico? Tenemos un coche que nos lleva con comodidad a un trabajo que nos agota. Compramos maquillaje y cosméticos para contrarrestar los efectos de una vida de estrés. Hacemos ejercicio para eliminar el peso excesivo producido por la *fast food* que acostumbramos comer al no tener tiempo de preparar una comida sana. Y así podría seguir, pero como dije —y diré repetidas veces en este libro— mi intención no es juzgar ni sermonear a nadie por el hecho de comprar. Simplemente me parece importante tener toda la información posible para reflexionar y entender por qué compramos, y así llegar a un punto en el que lo hagamos con plena conciencia y con inteligencia.

Para reforzar este argumento, hay que tomar en cuenta algo más: nosotros no somos del todo culpables de hacer abuso —o mal uso— del consumo, la sociedad nos fue orillando a ello poco a poco. Por supuesto que nosotros hemos puesto de nuestra parte, pero nos ha pasado como aquella historia de la rana. Según esta conseja, si arrojamos una rana viva en una olla de agua caliente, brincará al contacto con el agua y se marchará; pero si la ponemos en una olla de agua fría en el fuego que se va calentando poco a poco, la rana se irá acostumbrando a la temperatura y terminará cociéndose. Esta metáfora se utiliza para describir la adicción a las drogas... y me parece también perfectamente aplicable al consumismo. Poco a poco nos fuimos acostumbrando y terminamos integrándolo, volviéndolo parte de nuestra vida hasta convertirnos en una deliciosa "sopita de rana". Mi pregunta es: si hubiéramos visto los niveles a los que el consumo llegaría, ¿habríamos saltado de la olla o nos habríamos dejado cocinar? Aunque quizá no sepamos nunca la respuesta, me atrevo a decir que habría un poco de todo, porque al final, el fenómeno del consumo forma parte del paquete de la modernidad, la cual por un lado nos permite tener una vida más fácil y con más comodidades, y por otro conlleva complicaciones. No hay bueno sin malo, no hay yin sin yang.

Los motivos del comprador

En varios pasajes de este libro analizo que las razones por las que un individuo compra pueden ser diversas, y no necesariamente están relacionadas con cubrir una necesidad primaria. En la medida en que seamos conscientes de los motivos por los que compramos, nos iremos convirtiendo en compradores más asertivos, ya que entonces nuestras decisiones mercantiles dependerán mucho más de nosotros y menos de lo que el exterior nos incita a hacer. Éstos son los motivos más comunes:

- *Necesidad de convivencia.* Al haber permeado completamente nuestra psique y conducta social, el shopping es parte sistemática de nuestra vida cotidiana: las amas de casa ven a sus amigas cuando van al mercado y cuando se reúnen para hacer compras por catálogo —léase Avon, Mary Kay, Andrea—; la mayoría de los jóvenes eligen los malls como punto de encuentro; para comer, ir al cine, a trabajar, incluso ir al doctor —en Asia muchos centros médicos están *dentro* de los malls. Socializar está cada vez más relacionado con ambientes comerciales. De modo que, si no quieres volverte un misántropo del siglo XXI, la sociedad te orilla a entrar al juego del consumo para poder convivir con otros individuos.

- *Necesidad de pertenencia.* Por estilo de vida, cultura, forma de pensar o profesión, los individuos solemos agruparnos en clanes que se distinguen de los demás por sus características. Es un cliché de las películas de adolescentes: el grupo de los nerds, las chicas cool, los deportistas, los populares, los freaks, por citar algunos. La mejor manera de identificarse entre sí y diferenciarse de los demás es generalmente a través de la ropa. Esto, por supuesto, genera una necesidad de compra que se vuelve parte de un estilo de vida particular.

- *Necesidad de prestigio.* En los países de tercer mundo, mayormente, distinguirse de las clases proletarias es importante para algunos. En México y en el resto de América Latina —como un sistema de castas post-conquista— aún hay mucha necesidad de negar, cubrir o maquillar no sólo nuestras raíces autóctonas, sino también nuestra clase social, que a menudo es motivo de discriminación y rechazo. Por ello, muchas personas compran para reafirmar y destacar su nivel socioeconómico, y otras para adquirir un prestigio ficticio que les haga la vida más fácil en una sociedad con tendencias clasistas marcadas.
- *Motivos aspiracionales.* Hay un grupo de gente que compra para vestir diferentes momentos de su vida. Generalmente se trata de individuos cuyas compras evolucionan igual que sus conquistas —tanto en lo profesional como en la vida personal—, y por tanto su nivel de adquisiciones puede ir ascendiendo desde artículos muy básicos hasta prendas de lujo. Estamos ante un comprador que, en un principio, consume por necesidad y poco a poco se va introduciendo al terreno del placer.
- *Motivos emocionales.* Esta razón es más común de lo que parece. Muchas personas tienden a crear una relación entre un estado de ánimo y el consumo, por lo que sus compras pueden volverse impulsivas y no planeadas. Hay quien compra por tristeza —para alegrarse—, por alegría —para premiarse—, por aburrimiento —para entretenerse—, por soledad —para reforzar su autoestima— o por coraje —para desquitarse con el mundo.

Las etapas del comprador

Como el mismo ser humano, el comprador atraviesa por diferentes etapas en su vida; lo interesante es que no están necesariamente relacionadas con el desarrollo cronológico del individuo. De la misma manera en que hay niños genios o adultos que se comportan como niños, el comprador puede evolucionar y madurar en su forma de comprar a lo largo de su vida... o quedarse en un mismo estadio por siempre.

- *La infancia.* Es ese momento en el que comenzamos a comprar con nuestro propio dinero. Yo recuerdo que cuando cobré el primer sueldo de mi vida fui a El Palacio de Hierro a comprar un perfume y me sentía francamente fabuloso. Era como un millonario que podía comerse el mundo, sólo por el hecho de llevar una fragancia nuevecita en aquella bolsita de papel estampada de mariposas. La sensación es intoxicante, y creo que quien diseñó el shopping quiso que así fuera. Poco a poco va entrando en tus venas y, si tienes personalidad adictiva y un gran gusto por la moda, el enganche es casi inmediato.
- *La adolescencia.* Es la fase en la que comenzamos a cometer locuras, a atrevernos a lo que antes no habíamos hecho, a brincar al vacío sin paracaídas: cuando "el mar se te hace chiquito para echarte un buche de agua". Es el momento en el que llevamos al límite máximo nuestras primeras tarjetas de crédito: nos endeudamos por comprar cosas que no podemos permitirnos o por querer comprarlo todo. "¡Qué importa, tarjetazo!" Es nuestra etapa irresponsable, de la cual salimos con algunas magulladuras y un poco más de responsabilidad... o no.
- *La edad madura.* En este punto nos hemos reconciliado con nuestra forma de comprar. Recuperamos la tarjeta que el banco nos había negado años atrás por estar en el buró de crédito y vamos teniendo una idea más clara de por qué compramos, una estrategia y un motivo. Somos menos impulsivos, menos emocionales y más cerebrales. Compramos porque nos place, no porque nada ni nadie nos empuje a ello.

Como podrás darte cuenta, los diferentes estadios de la forma de comprar en un individuo son muy semejantes a su desarrollo personal en la vida. Hay personas que pueden alcanzar la madurez en su forma de comprar a los veinte años y otras que, con sesenta años de edad, siguen comprando como adolescentes, viven endeudadas y el shopping, lejos de ser el reforzamiento de su bienestar, se convierte en un motivo de conflicto de vida. Por supuesto, cada persona es diferente y hay quienes compran con madurez, pero no han perdido un poco de la parte infantil: a mí me sucede mucho esto. Soy de los que pueden ahorrar meses para comprarse algo, y cuando lo consigo me causa tal alegría y un subidón tan grande de energía, que literalmente me siento como niño con juguete nuevo; hasta me gustaría dormir acompañado de mi nueva compra. Hay compradores muy maduros que, una vez cada mucho tiempo, se dan el lujo de volver a la adolescencia y cometer la locura de comprar algo verdaderamente extravagante, pero que les produce un infinito placer. Al final, el balance lo conseguirás tú, de acuerdo a tu personalidad y poder adquisitivo: es claro que si ganas bien, podrás darte el lujo de hacer más actos de "shopping adolescente" en tu vida que si tienes un presupuesto más limitado.

Los hombres son de Marte y las mujeres son del mall...

Aclaro que esto no es un comentario sexista, sino un giro humorístico con un sustento real. Es verdad: está documentado que a escala mundial son las mujeres quienes adquieren la gran mayoría de los productos de consumo, según lo describe Bridget Brennan en su libro *Why She Buys*. No obstante, la tendencia está cambiando en ciertos lugares. En Londres, por ejemplo, el nivel de compras por género se empareja cada vez más, y estoy seguro de que esa tendencia comenzará a extenderse pronto a otros lugares del mundo. Pero lo cierto es que sí hay una razón para que la mujer lleve la estafeta del shopping en nuestro tiempo, y mucho tiene que ver el que vengamos de generaciones de mujeres emancipadas. Ellas han conquistado más derechos y terreno en el mundo social y laboral. Bridget Brennan enumera varias razones por las cuales la mujer ha cobrado la fuerza que tiene hoy en el mundo comercial: su mayor presencia en el ambiente laboral, el no casarse demasiado joven, el control de la natalidad, y el incremento en el promedio de vida con respecto a décadas anteriores sólo significan una cosa: "más dinero para mí", y por ende, más posibilidades de comprar.

Es interesante analizar las razones que mueven a un hombre a comprar y las que mueven a una mujer. En términos generales —claro que las excepciones confirman la regla—, la mujer tiende a comprar más por impulsos emocionales, y el hombre emplea una visión más pragmática. Cuando una mujer compra, hay muchos factores que intervienen en su decisión de adquirir o no un producto —lo digo por la experiencia que me ha dado ser un *personal shopper*. Primero suele sentirse atraída por una prenda, y al igual que con un chico, comienza a decidir si le conviene o no, si le queda bien, si la hace verse más guapa o la eclipsa, si le va a gustar a sus amigas, si lo van a aprobar sus padres... y ya después viene la decisión de llevárselo consigo o no. Es un mero acto de enamoramiento. Por supuesto, existen el flechazo y el amor a primera vista, y si el objeto que ve es el equivalente a Ryan Gosling, lo toma y, sin importarle nada, se lo lleva a casa.

Los hombres, por otra parte, tienen un enfoque más utilitario en lo que a las compras se refiere. Ellos adolecen bastante de ese factor de ilusión y de "mariposas en el estómago" cuando compran. No obstante, cada vez hay más hombres que comienzan a comprar moda por placer y con un nivel de excitación tan alto como el femenino. Sin embargo, en su mayoría, los señores van a una tienda, ven algo que les gusta, se lo prueban —o no— y lo compran. Por eso vemos tantos maridos con cara de fastidio en los malls, remolcados por mujeres que destilan energía.

Sí, comprar es un gran pasatiempo, un gran placer, incluso un gran ejercicio, como dijera Carrie Bradshaw. Pero también puede convertirse en una adicción y traer serios problemas a tu vida. ¿Eres acaso un shopaholic? No dejes de leer el capítulo siguiente.

3. Me llamo [*pon tu nombre aquí*] y soy un shopaholic

En 1992 apareció uno de los libros que apuntalan la bien ganada fama de Guadalupe Loaeza: *Compro, luego existo*. Siempre controversial, la Loaeza ha sido tan adorada como atacada, ya que en sus textos critica un mundo al que ella misma pertenece. A mi parecer, ¿desde dónde se puede hacer un mejor análisis de algo que desde dentro? En fin: no tengo intención ni autoridad para erigirme como crítico literario. Sólo diré que ese libro me encanta y que, a partir de que lo leí por primera vez, hace ya 25 años, mi forma de ver las compras cambió por completo. No es que fuera una revelación divina ni mucho menos: simplemente me ayudó a volverme consciente de algo que gran parte de la sociedad hace: comprar por sistema, por costumbre... porque sí.

El libro de la Loaeza fue absolutamente oportuno. Apareció justo en el momento en que un fenómeno social se hacía más notorio en el mundo entero: el shopping. Por ende, se convirtió en un referente de cultura popular sobre el tema. Y créanme, muchos de los "vicios" que expone a través de sus personajes han cambiado bastante poco. Ese shopping al que hace referencia la Loaeza, y que hoy día es tan parte de nosotros que lo vemos como algo natural, era en realidad bastante nuevo cuando ella lo abordó. No se trata de aquellas compras que hacían nuestras madres diariamente en busca de víveres para hacer la comida —ir al "mandado", se decía—, la excursión para comprar los útiles y uniformes cuando tocaba la vuelta a la escuela o la búsqueda de un buen suéter para el invierno si no te quedaba ya el del año pasado. No. El shopping al que hace referencia *Compro, luego existo* responde a un fenómeno internacional que aparentemente surgía en ese entonces, según el cual se compraba no precisamente por necesidad; en el acto del shopping intervenía poderosamente el *factor placer*. El shopaholic, como se conoce desde entonces a los amantes del shopping —un calificativo que muchos usan hoy día para referirse a sí mismos como miembros de una tribu cool—, estaba naciendo... o más bien renaciendo.

En 1924, hace ya casi un siglo, Emil Kraepelin y Paul Eugen Bleuler —psiquiatras alemán y suizo, respectivamente— ya hablaban del llamado CBD: *compulsive buying disorder* (trastorno de compra compulsiva), el cual describieron como una enfermedad mental. Hoy día, la psiquiatría no lo acepta del todo, quizá porque, a diferencia de otras conductas compulsivas, no causa daño físico a la persona que la padece. No obstante, la disciplina sí ofrece tratamientos médicos a quienes sufren este síndrome de forma realmente grave.

Los compradores compulsivos son tratados lo mismo por psicólogos que por psiquiatras, ya que son considerados individuos con un trastorno de personalidad —como los obsesivos compulsivos—, o bien como adictos. Aquí, seguramente muchos de ustedes dejarán caer el libro al suelo. Con susto, pasearán de un lado a otro por su habitación y dirán que yo no tengo ni idea de lo que estoy diciendo. Me maldecirán un poco, quizá. Pero cuando vuelvan su mirada al closet y hallen alguna evidencia, por mínima que sea, que los relacione con lo que acabo de describir, exclamarán: "¡Mierda!" y volverán a tomar el libro para seguir leyendo.

Y ahora es cuando voy a tranquilizarlos. Veamos: no todos los compradores están enfermos, al menos no gravemente. Lo importante es saber encender las alarmas en caso de que alguna de las señales de las que hablaré más adelante apunten a que el lector está volviéndose un adicto dependiente de las compras y sin ningún albedrío.

¿Cómo saber si tu forma de comprar no es sana?

Hay algunos síntomas claros:

- Si compras regularmente cuando estás en un estado anímico bajo. Comprar para "curar" estados emotivos como tristeza, soledad, enojo o frustración de manera periódica, en definitiva, no es sano. Si lo has hecho una vez o dos, es perfectamente válido. Pero si estos episodios son constantes, ponte alerta.
- Si cuando compras sientes un subidón de adrenalina, pero más tarde, cuando desaparece, llegan el arrepentimiento y la culpa.
- Si lo que compras va a parar a un rincón del armario, te olvidas de ello y cuando lo descubres, meses más tarde, te das cuenta de que ni siquiera te gustaba.
- Si el desenfreno en tus compras te ha puesto en apuros financieros graves.
- Si tu manera de comprar y gastar te ha causado problemas y crisis familiares.

¿Crees que tienes un problema con tu forma de comprar? Entonces es bueno que pidas ayuda. Un terapeuta o un grupo de apoyo pueden ser muy útiles. Y si crees que tu problema no es grave, pero puede comenzar a serlo, entonces es momento de hacer un alto y tratar de autocontrolarte. No es nada complicado. Créeme: ya he estado ahí. Yo seguí estos pasos que me ayudaron bastante a volver a mis cabales:

Saca porcentajes de los días de compras. Esto es muy sencillo, simplemente tienes que calcular cuántos días a la semana compras. Sí, a la semana. Aunque te suene extremo. Y no hablo de alimentos u objetos necesarios. Te vas a sorprender si eres honesto contigo mismo, porque caerás en la cuenta de que adonde vayas, compras algo que no tiene que ver con tus necesidades esenciales. Si en una semana pasas por el mall o el supermercado cuatro o cinco días, y siempre caen una camiseta, unos calcetines o unas pulseritas, pon atención. Lo que debes intentar es acortar un día por semana del shopping innecesario. Hazlo consciente, mete en tu cabeza este mantra: "Hoy no voy a comprar porque no necesito nada". Y ve así, poco a poco, hasta que consigas reducir los días de compras al mínimo posible. ¿Cuál es la frecuencia ideal? Si disfrutas mucho del shopping, pues dos veces por mes son suficientes: cuando cobras tu quincena. Y ya está.

Ponte trampas. Deja tus tarjetas de crédito en casa. Así, si la compra es impulsiva, tendrás tiempo de pensarlo mejor y saber si realmente necesitas lo que quieres comprar.

Devuelve. A pesar de que en México la política de devoluciones es aún bastante restrictiva, cada vez es más fácil y común devolver algo que no te gusta o cuya adquisición has reconsiderado. Las grandes cadenas de *fast fashion* tienen una política de devoluciones bastante amable, así que, si tu impulso es grande, trata de comprar en sitios donde puedas devolver lo que compraste.

Ponte límites. Más adelante te hablaré de los *budgets* para el shopping, pero ahora sólo te diré lo más básico. Ponte un límite de compras a la quincena y trata de ser lo más estricto con él. Si te lo gastas en un solo día, podrás comprar hasta la quincena siguiente, ni hablar. Si lo divides y utilizas en varios días, perfecto, mientras no te sobrepases.

Pide la ayuda de un amigo. Lejos de pedir consejo y apoyo a tus amigos compradores, acércate a quienes son más conscientes con su forma de gastar y pídeles que se vuelvan tu conciencia, tu "Pepe Grillo" del shopping. Ellos te llamarán la atención cuando estés a punto de caer en la tentación, por más que tú te excuses y quieras justificar la compra. Los vas a odiar, créeme;

pero, a la larga, se convertirán en un gran apoyo para dejar de lado la compulsión al comprar.

¿Enfermos o sólo cool?

A ver; lo que he descrito en los primeros párrafos de este capítulo es la versión más extrema del shopaholic. Pero si tú estás dentro de los límites de la "normalidad" —¡cómo detesto esta palabrita!—, no hay mucho de que preocuparse, sólo hay que mantener la coherencia. Al final, ser un shopaholic no es del todo culpa nuestra, sino de los tiempos en los que nos ha tocado vivir. Vayamos de vuelta hasta los años noventa, cuando la Loaeza entró duro y directo con su *Compro, luego existo*. Ésta fue sin duda una década decisiva, porque justo entonces el fenómeno de la *mass fashion* comenzó a llegar a todos los confines de la tierra. Se trataba de una moda accesible que ofrecía diseño y calidad a un precio competitivo. No hay que olvidar que justamente una década antes, en los años ochenta, irrumpió en nuestras vidas con fuerza absoluta otro fenómeno llamado "diseñador". Las casas de moda, que antaño se contaban con los dedos de una mano, se multiplicaron y ofrecieron al mundo nuevos puntos de vista creativos y opciones para vestir. Y aunque en los ochenta la moda era bastante elitista —no así las tendencias, que se reinterpretaban en la calle con bastante soltura—, hacia los noventa comenzó a llegar a más y más sitios. Los diseñadores que habían adquirido fama y renombre en las dos décadas anteriores ahora se expandían y globalizaban, haciendo llegar sus prendas a muchas ciudades del orbe. La multiplicación de los malls y las boutiques multimarca se convirtieron en tierra fértil para sembrar nuevas boutiques de *high fashion*, pero también de *mass fashion*.

Los que pertenecemos a la llamada "Generación X" recordamos cómo se fue dando esta transformación de la mentalidad de compra en nosotros mismos. Como decía antes, las familias de clase media comprábamos en ocasiones puntuales. Y no porque no hubiera tiendas, pues existían El Palacio de Hierro, Liverpool, Sears, Suburbia, y los primeros malls mexicanos —Plaza Satélite y más tarde Perisur— ya contaban también con muchos adeptos. La oferta existía, pero la demanda era muy distinta. Yo solía ir frecuentemente al "Baratillo", el mercado de antigüedades que se ponía los domingos en la Lagunilla, pero a comprar ropa de segunda mano para intervenirla o a cazar accesorios vintage, que ya desde entonces me fascinaba usar como elemento distintivo. El grueso de mi ropa, en cambio, venía de las tiendas departamentales nacionales. Pero en cuanto tuve oportunidad de viajar a Estados Unidos, The Gap, Macy's, Banana Republic, Nordstrom o Dillard's fueron de gran utilidad para fortalecer mi estilo. Claro que desde antes ya era posible vestir con ropa del país vecino: aun cuando la gente no pudiera viajar con más frecuencia "al otro lado", ya existían las llamadas "chiveras", señoras que viajaban a cualquier ciudad allende la frontera a comprar ropa barata que luego revendían de este lado. Y uno siempre se llenaba la boca diciendo, cuando alguien le preguntaba por lo que llevaba puesto: "es de Estados Unidos".

Pero para las clases altas, comprar comenzaba a ser un pasatiempo caro y prestigioso. De hecho, en *Compro...* la Loaeza retrata a un grupo de mujeres que, muy a lo *Sex and the City*, se sienten plenas, poderosas y fantásticas... comprando. Y los lectores, de una u otra manera, nos identificábamos con alguna de ellas. Por supuesto, la mayoría de los clasemedieros nos sentimos más cerca del personaje de la nueva rica, ésa que compra por mostrar su estatus social, por negarse a ser del montón y por una necesidad desesperada de pertenecer a un grupo social que, a su pesar, la despreciaba. ¿Les suena de algo esta historia? Claro, es el cuento que hemos vivido muchos de nosotros, quizá no como nuevos ricos, pero sí como seres que queremos pertenecer a un grupo: al de las chavas cool de la prepa, al de los darks, al de los hipsters, al de los fashion, al de los riquillos del trabajo, al de los que los desprecian, a los intelectuales, a los artistas... Tú nómbralo.

Y pertenecer a un grupo requiere de un uniforme en el que hay que invertir constantemente, sobre todo en las décadas recientes. En los años cincuenta, los existencialistas se vestían de negro; en los sesenta, los hippies, con jeans y blusones. Ni unos ni otros necesitaban de un inmenso guardarropa. Hoy sí lo necesitas, pertenezcas a la tribu que pertenezcas; porque al dispararse el consumismo —especialmente en la moda— desde los años noventa, la sociedad parece haberse confabulado para decirnos que hay que estar en constante renovación; que llevar siempre lo mismo ya no es clásico, sino aburrido; que usar la misma blusa dos veces en una semana es parecer retrato; que "qué oso" repetir vestido de una boda a otra...

Nos metimos en un bucle y ahora parece muy difícil salir de él; aunque, a decir verdad, a muchos no nos interesa abandonarlo, porque vemos una parte positiva en este fenómeno del shopping, sólo hay que descubrirla. Primeramente, la globalización de la moda nos ofrece una cantidad infinita de opciones para elegir de acuerdo con nuestra personalidad, gusto y presupuesto. Las tendencias de moda, que antaño podían contarse con una mano, ahora son muchas y se adaptan a cada vez más gente en el mundo; decir que alguien no está a la moda es cada vez más complicado. Sí; comprar puede ser lúdico, edificante, creativo y muy útil... mientras no deje de serlo. ¿Me explico? En el momento en que las compras nos traen más penas que alegrías, algo anda mal. Pero si eres de los que llegan a casa y sacan ese vestido, traje, camisa o zapatos, y se los prueban con verdadera emoción, los armonizan con otras prendas que tienen en su clóset y los combinan de maravilla, entonces, sin duda, eres un buen shopaholic. Y esto sí puede ser cool.

De la fantasía a la realidad, del sueño a la pesadilla

Siéntate un momento y piensa cuántas películas o series has visto donde los personajes sienten que están en el paraíso cuando están comprando: Marilyn Monroe en *Los caballeros las prefieren rubias*, Julia Roberts en *Pretty Woman*, Angélica María en *Yo amo, tú amas, nosotros...*, Alicia Silverstone en *Clueless*, Isla Fisher en *Confesiones de una* shopaholic, y bueno, cómo dejar fuera a Sarah Jessica Parker en *Sex and the City*. Y a pesar de que Hollywood, de una forma un tanto sexista, sólo expone a mujeres compradoras compulsivas, las estadísticas muestran resultados bastante sorprendentes: en un estudio publicado en 2006 por *The American Journal of Psychiatry*,[1] se indica que 6 por ciento de las mujeres son compradoras compulsivas, contra 5.8 por ciento de los hombres. O sea: el porcentaje es prácticamente el mismo. Pues bien, vayamos a algo más reciente: en 2016, Boutique@Ogilvy[2] la firma internacional de relaciones públicas, hizo un estudio que reveló —¡oh sorpresa!— que los shopaholics masculinos suelen gastar en promedio 85 dólares al mes en ropa, mientras que las mujeres gastan 75 dólares. Una diferencia promedio de diez dólares a favor de ellos. ¿Cómo les quedó el ojo, señores?

Un factor que explica esta diferencia, más allá de la fantasía que nos muestran en la pantalla, es un fenómeno sociológico bastante interesante, ya entrados en un poco de tecnicismos *light* para entender más los mecanismos de las compras. En Estados Unidos, ser un *compulsive buyer* o un *compulsive shopper* son cosas diferentes. Aunque para nosotros las dos palabras significan lo mismo, y llamaríamos a ambos "compradores compulsivos", ellos hacen una diferenciación: el shopping es una actividad que gusta más a las mujeres y que consiste en ir de tiendas, mirar algo, probárselo todo... y probablemente no comprar nada, o comprar muy poco. Es algo parecido

---

[1] *The American Journal of Psychiatry*, vol. 163, núm. 10, octubre de 2006, pp. 1806-1812.
[2] The Boutique@Ogilvy 2016 Shopping Report.

a lo que en México conocemos como *window shopping*, es decir, salir a pasear y ver escaparates, pero nada más. En cambio, los hombres suelen ser individuos más de acción: si ven algo que les gusta, lo compran sin mucha reflexión. Además, tienden más a comprar online, actividad en la que llevan una gran delantera a las mujeres. Esto es ser un *compulsive buyer*. O sea que se puede ser *shopper* sin comprar, y ser *buyer* sin ir de tiendas. Claro está que hay quien puede ser ambas cosas... y esto es más peligroso, porque, al tener los dos estímulos, es más fácil caer en excesos.

Comprar, como decía al principio, se ha convertido en mucho más que sólo un intercambio de bienes para cubrir necesidades básicas. La actividad se ha vuelto una manera de moverse en la sociedad, una forma de convivencia. Comprar es el puente entre otras actividades —"Vamos de compras y a comer", "Vamos al centro comercial y al cine", "¿Desayunamos el domingo y nos vamos al tianguis?"—, y las mismas urbanizaciones modernas nos van

orillando más y más a ello: los restaurantes están dentro de los centros comerciales, lo mismo que los cines. En Asia, las oficinas están en edificios cuyas primeras plantas son un mall. Para acabar pronto: California entera es un mall. Y verlo en una película o en la tele es una maravilla, porque los protagonistas no desembolsan dinero de verdad para adquirir cosas. Nosotros sí, y es ahí cuando el sueño puede volverse pesadilla.

Yo personalmente soy un shopaholic y lo disfruto. Y puedo hacer *shopping* y *buying*, pero porque he desarrollado con los años —y a punta de golpes de la vida— una especie de coraza que impide que comprar sea más fuerte que yo. Y miren que me cuesta mucho entrar a Chanel o a Gucci sin que algo se me antoje pero, por fortuna, la mayoría de las veces queda en eso: en antojo. Antes habría sido capaz de vender a mi primogénito con tal de comprarme lo que me llenaba los ojos, pero he podido desarrollar un callo y, al final del día, uno acaba pensando: ¿de verdad necesito una bolsa más? ¿Cuántos jeans tengo con éste? ¿Quince? Además, me pongo sólo uno hasta que lo tiro de viejo. ¿En serio es tan importante tener el último par de zapatos de Prada? A veces, la respuesta es sí; y entonces, si me lo permite el presupuesto, corro por lo que me vuelve loco y como tal lo disfruto. Pero de todas esas cosas que se me antojaron, ahora sólo caen, a lo mucho, un 20 o 30 por ciento de ellas, lo que indica que he sabido dominar a la bestia.

Sí, estuve a punto de que mis ganas de comprar se convirtieran en una adicción. En mi trabajo como periodista de moda tenía muchas presiones del exterior, estaba en contacto con mucha información y sentía que tenía la responsabilidad de practicar lo que predicaba. Pero cuando descubrí que la presión la imponía más yo mismo que la sociedad; que la información tenía que estimular mi creatividad, sin predisponerme, y que podía ser un digno representante de la profesión si desarrollaba mi propio estilo y me liberaba de atavismos, entonces la dependencia comenzó a diluirse para dejar en su lugar una costumbre que hasta hoy me fascina, divierte, cultiva y me hace ser un individuo que puede expresarse apasionadamente a través de la ropa. Y no es fácil, porque hay que lidiar con muchos obstáculos.

A veces todo lo que nos rodea parece confabularse para convertirnos en compradores adictos: la mercadotecnia, la industria del espectáculo, la presión social... Pero de esto ya te hablaré en el siguiente capítulo. Sólo quiero afianzar mi teoría diciéndote que comprar no es malo. Un shopaholic no es un delincuente, y si a ti te fascina la ropa y verte bien, y comprarla te da placer, te ayuda a sentirte cómodo en tu entorno y a comunicar tu personalidad, entonces te aplaudo, porque eres un shopaholic de los que me gustan.

4. Marketing, publicidad, medios de comunicación... ¿Amigos o enemigos del comprador?

MI MADRE SOLÍA CONTARME QUE, DE PEQUEÑO, YO ERA UN NIÑO MUY TRANQUILO. Pasaba las horas meciéndome en mi caballito de madera mientras ella hacía sus quehaceres o veía los programas de televisión vespertinos. Decía que, de pronto, cuando empezaban los comerciales, yo bajaba del caballo a toda prisa y me precipitaba frente al televisor para verlos todos. Una vez que acababan y continuaba la telenovela que mi madre estaba viendo, yo volvía satisfecho a mi caballo. Esta historia fue, sin duda, premonitoria: toda mi vida he sido un blanco fácil de la publicidad.

Sí, lo admito. Desde siempre me gustó comprar perfumes por el modelo que los anunciaba... aunque ni siquiera hubiera olido la fragancia. Hasta la fecha, me sé de memoria jingles o slogans publicitarios que marcaron mi juventud. ¿Cómo olvidar aquel de "Hay una rubia dentro de ti, déjala salir" de L'Oréal? Siempre que iba al supermercado compraba todo aquello que venía con un regalito... aunque no fuera ni cercano a lo que había ido a buscar. El dos por uno, dos por uno y medio o compra dos y el tercero es gratis... siempre me ponen absolutamente excitado a la hora de comprar. Y no se diga cuando se trata de perfumería: si regalan algo en la compra de la fragancia, me cuesta muchísimo resistir la tentación. Ni qué decir de los obsequios que acompañan las revistas en Europa o Asia; siempre me veo comprándolas sin siquiera hojearlas sólo porque "está mono el regalito".

En fin. Si ustedes se sintieron mínimamente identificados con lo que les he contado, hagamos juntos un ejercicio mental. Pongamos en una mesa frente a nosotros todos los "regalos" o productos que hemos obtenido "gratis" —gran falacia, de una manera u otra siempre terminan costándonos— por nuestras compras, digamos de un año a la fecha. En mi lista estaría, por ejemplo, un envase de plástico tipo Tupperware, sin la calidad y sin ser de verdad hermético, que me dieron cuando compré un frasco de consomé de pollo, una bolsita de lona mal hecha que venía de regalo en una revista, un neceser bastante chafa que me dieron con una fragancia, una cremita de cuerpo —*jamás* he usado crema en el cuerpo— en la compra de otro perfume que "costaba un poquito más". Sopas, latas extra de comida que hasta ahora no me he acabado, unas chanclas de hule que te daban de regalo *no-sé-dónde* si comprabas *no-sé-cuánto* de *no-sé-qué*. Y la lista podría continuar, pero la dejo hasta aquí por pudor. Ahora pongámoslo en perspectiva y demos unos pasos detrás de esta mesa imaginaria llena de cachivaches. ¿Qué vemos? Un montón de cosas a las que no he podido dar uso alguno, que no he consumido —y que muy probablemente no consumiré— y, lo peor de todo, que creo que nunca me gustaron siquiera. Ésta, queridos lectores, es una realidad atemorizante.

Si me pongo a hacer cuentas de todo lo que me pude haber ahorrado si hubiera comprado realmente lo que necesitaba o deseaba, sin caer en las trampas de la publicidad y la mercadotecnia, quizás en lugar de ese montón de cosas inútiles en mi mesa imaginaria tendría un buen par de zapatos de Prada o una camisa de Karl Lagerfeld. ¿Tu caso es parecido? ¿Te quieres dar de topes contra la pared al notar que tus compras pudieron haber sido mucho más inteligentes? Sí, nos pasa a todos cuando nos percatamos de ello. Pero una vez que lo has hecho consciente, créeme, será más difícil que te siga pasando.

Demos ahora un recorrido por las diferentes disciplinas encargadas de hacer que algo nos guste, que se vuelva tan necesario como el oxígeno. Se trata de quehaceres que, bien entendidos y sin permitir que se apoderen de nuestra voluntad, pueden ser aliados inmejorables para ser un buen comprador. No obstante, si no sabes jugar su juego, puedes convertirte en uno muy malo: compulsivo, consumista... y poco eficiente. Lo importante del shopping es que te sirva a ti, que llene tus expectativas y deseos, no los de alguien o algo más.

Vida de revista

He tenido la oportunidad y el honor de haber trabajado para las revistas de moda más influyentes: *Elle*, *Vogue*, *Harper's Bazaar*, *Glamour*, *Marie Claire*, *Esquire*, *Cosmopolitan*, *Vanidades* e *Infashion*, por mencionar algunas. En cada uno de estos títulos le hablaba a diferentes tipos de mujeres u hombres con diversas formas de pensar, personalidades, edades, intelectos y niveles económicos. Claro está que la idea de los lectores a los que está dirigida cada una de estas publicaciones es abstracta, no tiene un rostro específico: no le hablaba en concreto a mi amiga Fulanita o a mi tío Zutanito, sino a una especie de Frankenstein —en el buen sentido de la palabra— creado con todas las características similares que existen entre las personas que representan el perfil de lector de cada revista. Y este hermoso ser inventado por nosotros vivía en una casa aún más hermosa creada por un equipo editorial. Esta casa es la misma publicación. Por eso, cuando los lectores toman una revista con la que realmente se identifican y la leen, de portada a contraportada, descubren en ella un mundo ideal... una vida de revista. Ahí está la ropa que quisieran tener, el perfume que desearían oler, los lugares que morirían por visitar y los restaurantes en los que querrían comer. Y si se dan cuenta, he conjugado los verbos en futuro condicional, es decir, acciones que podrían haber sucedido... o que desearíamos que sucedieran.

Sí, la gran mayoría de las revistas nos ofrecen la imagen de una vida ideal, soñada, pero no del todo real. Es lo que en el mundo editorial llamamos revistas *aspiracionales*. Se trata de publicaciones que nos hacen desear y soñar con cosas que, en la vida real, sólo pueden conseguir un número reducido de personas. Nos muestran universos donde las mujeres son increíblemente delgadas y la ropa les sienta de maravilla. Las joyas y los accesorios se muestran de manera juguetona, sexy e irresistible para que nos resulte muy difícil pensar que podemos vivir sin ellos. Los *shootings* son obras de arte en los que las modelos llevan puestos miles y miles de dólares en ropa que lucen frescas y radiantes, como si así se vistieran todos los días para ir al supermercado. Y te imaginas a ti misma en esa situación, como hacen los chicos cuando ven al modelo lleno de músculos que no necesita más que unos jeans para verse espectacular.

Están, por otra parte, las revistas que llamamos *de servicio*, cuyo punto de vista es un poco más aterrizado a la realidad y ofrece un balance entre el mundo del lujo y moda económicamente más accesible, lo cual se acerca mucho a la mujer u hombre promedio del mundo. No obstante, el factor deseo sigue estando muy presente para conseguir que los lectores se interesen por lo que la revista les ofrece, porque al final, la realidad ya la vivimos, lo que nos interesa es evadirnos un poco de ella o bien imaginar cómo podríamos mejorarla.

Modelos, desfiles, celebridades y blogueros

Todo esto forma parte de la ecuación perfecta para provocar el deseo del público aficionado a la moda, o más allá aún, el público que ni siquiera estaba interesado en ella. El mensaje que resulta de esta ecuación es belleza, glamour, éxito, poder, dinero... Las modelos se convierten en celebridades, las celebridades se vuelven modelos; para acabar pronto, hasta los blogueros lo hacen. Los desfiles se han convertido en ese gran laboratorio donde se están cocinando las modas, aquello que desearás con todas tus fuerzas, que necesitarás tanto como el oxígeno. Antes, la moda en un desfile estaba sobre la pasarela, ahora está también entre el público. Los asistentes son tan fotografiados como los modelos y, en ocasiones, se genera más ruido y tendencia bajo una pasarela que sobre ella. Los editores de moda han cambiado de prioridades: algunos de ellos se preocupan más por vestirse para un desfile que por lo que verán en él. Muchos blogueros —no todos, aclaro— tienen un trabajo bastante peculiar y novedoso: fotografiarse a sí mismos —con ropa prestada la mayoría de las ocasiones— y subir videos que no dicen nada —o si lo hacen suelen ser incoherencias que rara vez comunican—, más bien son flashazos de imágenes caóticas que engrosan las filas de la sobreinformación que recibimos constantemente y que más que orientarnos, nos confunde y va acorralando para crearnos nuevas y constantes necesidades, que muchas veces terminarán traduciéndose en un shopping sin sentido alguno.

Publicidad

Desde que yo era muy niño —pasada ya la etapa del caballito de madera— recuerdo que ya se hablaba de la manipulación del consumidor a través de la publicidad. Había un anuncio bastante polémico del whisky Johnnie Walker que proyectaba una serie de escenas londinenses a un ritmo muy acelerado. En medio de las tomas había una mujer desnuda; se decía que la imagen era un *insert* que se proyectaba tan rápido que el ojo no alcanzaba a percibirla, pero que se iba al subconsciente, y cada vez que veías el whisky en cuestión lo relacionabas con la idea de sexo. Hay quien afirmaba que en el camello de la cajetilla de los cigarros Camel había una pareja teniendo sexo. Esto es la famosa publicidad subliminal. Se sigue usando hasta la fecha, y aunque yo no soy publicista, como comunicador tengo la impresión de que se usaba mucho más en años pasados, cuando la gente era más reacia a comprar que en nuestro tiempo. Hoy me parece que la publicidad es mucho más directa y quizá tan eficiente como la subliminal para lograr sus fines.

La publicidad es una disciplina que va de la mano del marketing. Se encarga de mostrarnos un producto en una forma lo suficientemente atractiva para incitarnos a adquirirlo. La publicidad despierta deseo, te hace soñar y sentir que puedes llegar a donde ellos te prometen. Un anuncio de un perfume te dice que si hueles a él, podrás ser tan sensual, atractiva y fabulosa como la modelo que lo protagoniza. Los comerciales del perfume Chanel No. 5 son tan creativos y logrados que, a pesar de que el mundo entero conoce la fragancia, al ver cada nuevo comercial quieres olerla de nuevo. Hay un comercial de Acqua di Gio pour Homme de Giorgio Armani donde un modelo de estupendo físico emerge de las profundidades del mar como un tritón, escurriendo agua y pisando fuerte, manando una sensualidad animal. Se acerca a la cámara, que le hace un *close up*, y ya está, misión cumplida: hombres y mujeres seducidos irremediablemente. Y sí, la verdad es que a mí me fascinaría lucir como ese modelo tremendo que sale del mar. Pero como no tengo ni su cuerpo o cara, me conformo por lo menos con oler como él. Esto, de una manera indirecta, me convierte en el modelo, aunque sea en una mínima parte.

Así es como funciona esto. Normalmente, los anuncios o espacios publicitarios tienen un mismo objetivo: vender un producto. Pero tratándose de lujo, moda y estilo de vida, el lenguaje y el discurso tienen que ir acordes con el producto que quiere venderse y el público al que va dirigido. Imagínate, por ejemplo, que zapatos de firmas como Louboutin o Prada se anunciaran en volantes como los que ofrecen en la calle para que te enteres de las ofertas del supermercado o la farmacia. O, imagina también, que una pasta de dientes o naranjas para jugo se anunciaran en la contraportada de una revista de alta moda. No tiene sentido. ¿Por qué? Porque se están usando los canales y el lenguaje incorrectos para promover un producto y el mensaje no llegará al público al que debe llegar.

La publicidad tiene que conocer el idioma de su audiencia, su nivel sociocultural, sus gustos y disgustos. Una marca de difusión masiva suele utilizar referencias conocidas para muchas más personas. Por ejemplo, para promover los servicios de una compañía telefónica será mucho más efectivo utilizar un portavoz que todo el mundo conozca, una cantante famosa o una actriz: Lady Gaga, por ejemplo. Pero si usan una imagen poco conocida, que no le diga nada al público, el anuncio será menos eficaz. Otra forma de llegar a tu público objetivo puede ser utilizando su lenguaje, hablando su mismo idioma: un producto para jóvenes utilizará referencias digitales, uno más exclusivo se remitirá a una comunicación visual más sofisticada y quizá provocativa. Las posibilidades son infinitas.

El caballo y la zanahoria

Todo esto que he tratado de explicar corresponde a apreciaciones muy personales de disciplinas complejas y profundas, de las cuales no tenemos por qué estar enterados si no somos mercadólogos o publicistas. No obstante, sí es muy conveniente conocer sus mecanismos básicos, porque afectan directamente nuestra forma de comprar.

Se ha acusado a la publicidad y al marketing de manipular al consumidor y de ser los culpables del excesivo consumismo que se vive hoy día en el mundo. Yo quiero marcar un alto aquí: al final del día, estas disciplinas sólo están haciendo su trabajo, y cabe decir que lo hacen muy bien. Pero después de todo, nadie nos pone una pistola en la cabeza y nos dice: "¡Compra!". Podemos tener toda la información y sobreinformación posible: ver a Chiara Ferragni usando bolsas que son la tentación más absoluta, o a Pharrell Williams llevando los tenis más cool del mundo que quisiéramos calzar ya mismo; leer en *Harper's Bazaar* una lista de "las diez cosas que *debes* tener este invierno", o ver un anuncio en la televisión que diga: "Hasta antes de tener tal cosa, la vida no valía la pena". Sí, todo esto va creándonos necesidades de manera inconsciente, pero nuestro trabajo es justamente hacerlas conscientes y darnos cuenta de qué es lo que *realmente* queremos, qué necesitamos o deseamos en verdad, y aprender a discernir si los tenis de Pharrell efectivamente nos harán sentir más cool o si verdaderamente necesitamos las diez cosas de la lista de *Harper's Bazaar*. Toda la información que recibes busca que hagas algo, pero el dueño de tu voluntad no es nadie más que tú. Quien decidirá si lleva a la caja registradora una prenda y si saca la tarjeta de crédito para pagarla *no es nadie más que tú.*

Cuando un caballo tiene puestas las ojeras —esa especie de antifaz que impide que tenga una vista de 180 grados—, sólo puede ver lo que tiene frente a él para no distraerse con lo que está alrededor. En algunos casos suelen poner al frente una zanahoria atada a una vara para que el caballo sólo vea eso y camine por donde el jinete quiere. A veces, la saturación de información del exterior funciona en nosotros como las ojeras del caballo, nos obliga a ver sólo lo que quieren que veamos, y entonces vamos directamente por la zanahoria. Pero es posible contrarrestar este efecto. He aquí mis sugerencias para que aprendas a elegir voluntariamente... y puedas quitarte las ojeras que te impiden ver el mundo de opciones que hay alrededor tuyo.

Infórmate, no te sobreinformes

En un mundo como el nuestro, esto suena un poco difícil, pero no es imposible. ¿Recuerdas ese capítulo de *Sex and the City* cuando Charlotte está recibiendo una sesión de acupuntura y no puede concentrarse porque hay una protesta en la calle? Su doctor le dice: "La ciudad nunca va a callarse, tienes que aprender a silenciar ese ruido dentro de tu cabeza". Y lo mismo hay que hacer con respecto al marketing: lee revistas, sigue a influencers y disfruta de la publicidad, pero tómalos en cuenta sólo como fuente de inspiración e información. Sobre todo, aprende a ser selectivo para decidir a quién le permites que te informe, si es una fuente confiable, si emite un mensaje que te inspira confianza, si crees en él. Allí afuera puede haber miles de personas diciéndote cuál es la bolsa de mano más *in*. Pero tú puedes aprender a editar la información e ir descartando a gente, medios y anuncios que no te aporten nada o que sientas poco honestos. Con muchos influencers pasa esto: sus mensajes están "maniobrados" por marcas que les pagan o regalan productos y los recomiendan únicamente por eso, no porque realmente crean en ellos. Hay mucha "puesta en escena" dentro de las redes sociales, y tienes que aprender a diferenciar entre alguien que está transmitiendo un mensaje verdadero y quien muestra sólo una ficción, un mensaje hueco sin sustento alguno. De esta manera podrás comenzar a formarte una opinión personal sobre un objeto y te irás escapando poco a poco de la manipulación.

¿Consumidor o consumista?

Son dos conceptos distintos: el primero se refiere a una acción y el segundo a una adicción; y la línea entre uno y otro puede ser bastante sutil. Es como beber alcohol: todo empieza por un consumo regular, social y agradable, pero si nos descuidamos, la frecuencia puede ir en aumento y llevar a una adicción. Y dadas las características inherentes al shopping —la parte emocionante, el gusto por lo nuevo, el placer y el subidón de adrenalina—, éste puede resultar ser bastante adictivo. Ser un consumidor es perfectamente válido y habla de una persona que tiene estructurada su estrategia personal de compra. Pero ser un consumista entraña algo negativo porque implica que muy probablemente no seas tú quien está tomando con absoluta consciencia tus decisiones de compra, sino que eres incitado o manipulado por las razones incorrectas. Crees que comprando serás más feliz, mejor individuo y encajarás mejor en una sociedad. Pero todo eso no se puede comprar en una boutique: tienes que descubrirlo y trabajarlo dentro de ti.

Las reglas del juego

El marketing es francamente apasionante. Como disciplina, echa mano de todos los elementos posibles para lograr su fin: vender. Analiza al cliente, se mete en su cabeza, sigue sus pasos para conocer sus costumbres, sabe lo que quiso, lo que quiere y, con un brillante sentido de la anticipación, lo que querrá. Pero también, al conocer tan bien a su clientela, no sólo le ofrece lo que quiere, sino que encima le ofrece también productos que *realmente no quiere*, haciéndole creer que *sí los quiere*. ¿Cómo te quedó el ojo? Aunque parezca rebuscado, así es este tema. El marketing, puerta de salida de los productos creados por la industria de la moda, no sólo vende lo que el cliente necesita, sino que se encarga de crear nuevas necesidades para que el ciclo del shopping no se cierre nunca. Pero si nosotros como consumidores conocemos sus mecanismos, y aprendemos las reglas del juego, nos convertiremos en un excelente contrincante para él. Repito: el marketing no es el malo del juego, simplemente realiza su trabajo: vender. Pero nosotros también tenemos que hacer nuestro trabajo: comprar bien. De modo que aquí te enumero algunos de los "trucos" que se utilizan para nublar nuestra conciencia. Conócelos y lo que te llevarás a casa será una compra inteligente.

Táctica 1. En las tiendas de las marcas de *fast fashion*, las departamentales y algunos supermercados, exponen justo a la entrada lo que en marketing llaman el *power display*. En tiendas como Zara es muy evidente: se trata de un espacio donde se muestran las colecciones más nuevas o las más vistosas que llaman la atención del cliente, obligándolo a detenerse por un momento y así sumergirlo en el *mood* del shopping, más relajado y dispuesto a ver lo que hay en el resto de la tienda.

Contraataque. Si buscas algo específico en la tienda, te aconsejo que pases de largo y no te detengas a la entrada. Una vez que ya hayas encontrado lo que necesites, entonces puedes ir a ver el *power display* si te apetece, pero el efecto ya no será el mismo que si lo hubieras hecho al llegar, porque estarás en guardia cuando lo mires.

Táctica 2. Al entrar a una tienda de *fast fashion*, se ha puesto muy de moda que un amable vendedor se acerque a ti para ofrecerte una cesta o una *shopping bag* para que "estés más cómodo mientras compras". Y al tener las manos más libres, es fácil que vayas poniendo varias cosas en la cesta y, por ende, termines comprando de más.

Contraataque. Simplemente di "No, gracias" y no tomes la cesta. Al utilizar tus dos manos para llevar las prendas que quieras comprar, harás conciencia más fácilmente de lo que llevas y comprarás apegado a tus objetivos.

Táctica 3. En muchas tiendas, el bombardeo de ofertas, información, gangas y demás va apoderándose de tu voluntad y hace que muchas veces compres cosas que no quieres. Paco Underhill, en su libro *Why We Buy*, asegura que 60 por ciento de las cosas que adquirimos cuando vamos de shopping están fuera de lo que queríamos comprar originalmente. Gracias a que nos dejamos llevar por la información a nuestro alrededor, compramos no sólo por una necesidad puntual, sino para el futuro: "Prepárate para el verano", nos dicen cuando aún seguimos en invierno... y ya estamos comprando el bronceador y el traje de baño. "Ya vienen las vacaciones", y aunque no vayas a salir, te compras algo para sentirte en ese *mood* vacacional que te están sugiriendo. "Oferta de ropa interior", y compras porque sabes que es algo que siempre usas, aunque tengas en casa un cajón de ropa interior en perfecto estado. Además de satisfacer nuestras necesidades del presente, las estrategias de mercado pretenden que satisfagamos igualmente las de un hipotético futuro.

Contraataque. Apégate a tus necesidades. No caigas en el juego de comprar nada para situaciones intangibles en ese momento. Compra ropa para vacaciones cuando vayas a salir de vacaciones. Llévate un traje de baño si te irás a la playa dentro de una semana. Comprar anticipadamente en la mayoría de los casos termina siendo inútil. Me pongo como ejemplo: me compré alguna vez unas camisetas para usarlas en el verano, para el que faltaban tres meses. Pero resulta que llegado el verano, había ganado tanto peso que no pude ponérmelas... y el año siguiente, que ya estaba delgado, se me antojaron unas distintas a las que compré el año anterior, las cuales terminé regalando, sin haber usado.

Táctica 4. Los descuentos nos vuelven locos a todos, especialmente los "descuentos sobre el descuento", ¡eso nos chifla aún más! Por eso, debes respirar profundo y tomar en cuenta dos factores. Primero, la letra pequeña. Muchas veces un descuento tiene restricciones, pero están presentadas de forma tan discreta que no nos percatamos de ellas. Nos probamos una prenda, nos encariñamos con ella y al llegar a la caja, resulta ser que ese artículo en particular no entraba en la promoción. Si tu enamoramiento era superficial, quizá seas capaz de marcharte sin comprarlo. Pero si realmente te fascinó, terminas llevándotelo a precio completo y, además, te queda la sensación de que te engañaron. Segundo, los descuentos sobre descuento son engañosos. Es una cuestión de matemática pura: un 50 por ciento de descuento con un 20 por ciento extra no da 70 por ciento, sino 60 por ciento del precio original. Digamos que, si la prenda cuesta 100 pesos, la mitad son 50 pesos y el 20 por ciento sobre esta nueva cantidad son 10 pesos. De modo que el descuento final es de 60 pesos, lo que significa 60 por ciento del valor original, no 70 por ciento. La diferencia es importante.

Contraataque. Si vas a comprar una prenda porque tiene un descuento, primero asegúrate que en efecto lo tenga antes de encariñarte con ella. Si confirmas que no tiene rebaja, pero aun así te gusta y decides llevártela, por lo menos lo harás con una conciencia real de ello. En todo lo que a los descuentos se refiere, simplemente te sugiero que saques tu calculadora y no te vayas con la primera impresión, porque las sorpresas son muy molestas a la hora de pagar.

Táctica 5. Todos los *retailers* de moda tienen muy claro, según Paco Underhill, que cada vez más decisiones de compra se hacen dentro de las instalaciones de la tienda. ¿Qué es lo que al final hace que el cliente compre o no? La información que recibe de la marca. Firmas de lujo como Louis Vuitton, Chanel, Dior, YSL y muchas otras de su nivel juegan el reconocido juego del *hard to get*, o sea: se hacen los difíciles. Y esto funciona exactamente igual que en las conquistas amorosas. Si a quien estamos cortejando se hace el difícil, entonces despierta más nuestro interés, se vuelve un reto, literalmente una conquista. En cambio, si la persona en cuestión está muy disponible —por no utilizar la palabra *fácil*, que me parece moralina—, entonces nuestro interés será muchísimo menor.

En el lujo, ésta es la clave: las prendas tienen una accesibilidad muy limitada, por su precio, producción y distribución; están disponibles sólo para un grupo muy pequeño de personas que, además, tienen que pelear por ellas. Por ejemplo, los *minaudières* —bolsos de noche— de Chanel, que se hacen llamar "piezas de excepción", son de elaboración tan complicada, tan exquisita y de precio tan elevado, que se fabrican sólo algunas decenas de ellos para todo el mundo y se pueden adquirir únicamente en ciertas ciudades específicas. Por ello se vuelven casi un trofeo de moda.

En el caso del *fast fashion*, al tratarse de producciones masivas, consiguen seducir y enganchar al cliente con otra estrategia: la constante rotación de prendas. Zara y H&M tienen novedades cada semana, y si eres un comprador asiduo, sabes bien que si no compras lo que te gustó, es probable que en dos semanas esté agotado y se te vaya de las manos. Y aunque también es probable que llegue a las rebajas hasta con 80 por ciento de descuento, si no tienes mucha práctica para predecirlo, ante la duda es mejor adquirir las cosas en ese momento. Es un riesgo que hay que tomar.

En el lujo, intervienen mucho la labor de venta y el trato personalizado. Los vendedores se hacen llamar "asesores de moda" y te aconsejan, orientan y seducen a la compra: "Es una edición limitada", "Sólo llegaron dos a México y uno ya se vendió", "Estaba reservado para otro cliente, pero haremos una excepción y se lo venderemos a usted" "Le queda de maravilla", "Lo va a usar con todo".

Contraataque. No permitas que te hagan sentir presionado, porque la imposición nublará tu entendimiento. Si una prenda de Zara es "edición limitada", pero no estás cien por ciento seguro de que te gusta, pasa de ella. Así, como te lo estoy diciendo. Es muy probable que una versión muy parecida o casi idéntica llegue a piso unas semanas más tarde.

En el caso de estar comprando lujo, igualmente debes ser cauto para no dejarte llevar por el canto de las sirenas, pero también tienes que actuar con rapidez si no quieres quedarte sin una pieza que realmente deseas. En este caso, analiza bien lo que quieres comprar con antelación. Si se trata de una bolsa, ve muchas fotos, constata la proporción en las modelos para saber si el tamaño te convence, compárala con otras bolsas que ya tengas y esto te ayudará a ir más preparado a tu encuentro con una pieza especial. Y ya en la boutique, escucha todo lo que te diga el asesor de ventas, pero al final, pídele que sea honesto contigo y te diga la verdad, más aún si tienes dudas: si te queda bien, si es tu estilo. ¿Y sabes qué? Te lo dirá, porque una marca de lujo puede permitirse perder una venta, pero nunca a un cliente. Y si tú sentiste que te tomaron el pelo, no volverás a comprar ahí.

Táctica 6. Cada vez más tiendas rodean su zona de cajas con piezas de precio accesible y que son muy fáciles de agregar a lo que ya has elegido. Es la famosa compra por impulso. Generalmente se trata de cosas que no necesitas —si así fuera ya las hubieras ido a buscar—, pero que al estar a la mano y tener un precio tan bajo, parece muy fácil sumarlas a tus compras. Esto es muy inteligente por parte de las marcas, que saben que al hacer fila para pagar, pasarás alrededor de cinco minutos esperando, y por inercia o entretenimiento te pondrás a curiosear lo que está a tu paso. En esas circunstancias, es doblemente posible que te lleves algo.

Contraataque. Si haces una suma de todo lo que gastas anualmente en las compras nacidas de tu espera para pagar —collares, broches para el pelo, camisetas, lentes, calcetines, barnices de uñas— te darás cuenta de la gran cantidad de dinero que has gastado en cosas que, en un 90 por ciento de los casos, no necesitabas. ¿La estrategia? Vuelve a sacar aquí las ojeras de caballo que te sugerí te quitaras páginas atrás y concéntrate en tu único objetivo: la caja registradora. Esto es especialmente importante si tu voluntad es débil. Si eres más fuerte, te invito al razonamiento y a que te respondas a ti mismo si eso que vas a llevarte porque cuesta 30 pesos, realmente te hace falta. Verás que muy probablemente la respuesta será "no".

El marketing visto por especialistas

Una vez más, me parece justo y necesario acudir a especialistas en la materia para que nos den su punto de vista acerca de cómo la mercadotecnia no necesariamente es la bruja de esta historia y nos muestren que, en el cuento de hadas del shopping, no hay bueno o malo, sino correcto o incorrecto.

En el fast fashion...

José Luis Martínez de Hoyos, experto en merchandising en España, nos habla del funcionamiento de la moda masiva. Es un especialista en el tema del *visual merchandising* y ha trabajado con importantes marcas de moda masiva y en proyectos especiales a escala mundial.

¿En dónde radica, según tu opinión, el arte de crear un ambiente determinado en una tienda para que atraiga al comprador?
Yo la llamo "la ciencia no escrita", porque se trata realmente de tener una sintonía con la ropa y hacer que ese *feeling* se transmita al comprador. Para mí la clave está en hacer del lugar de venta un espacio cómodo para el cliente. No sólo visualmente, sino también físicamente. Cuando trabajamos en la apertura de una nueva tienda, por ejemplo, analizamos muy bien el entorno geográfico, su cultura, y tratamos de sensibilizarnos con el público local, para conocer sus gustos. De esta manera, la tienda se vuelve como su casa, un lugar en donde realmente disfruta estar.

Ésta es la pregunta del millón de dólares: tú me dices que armas el espacio con lo que le gusta al cliente, pero ¿cómo sabes lo que va a gustarle?
Esto es realmente lo más complicado, porque la posibilidad de gustos es infinita... y sigue creciendo. Puedo decirte, por ejemplo, que en Asia el gusto es completamente distinto al de Europa, aunque ambos estén en tendencia. Siempre trabajo con equipos de marketing y juntos hacemos una exploración exhaustiva del entorno, de cómo se mueve la gente dentro de otras tiendas. Yo creo que el gran secreto para saber lo que el público quiere es observándolo, conociéndolo.

Las firmas de fast fashion *están en todas partes, incluso llega a haber más de una sucursal en un radio bastante cercano. ¿Cómo logran no canibalizarse unas a otras?*
Porque hacen estudios exhaustivos del consumidor. Te podía sorprender que, a pesar que dos tiendas de la misma marca sean casi aledañas, el público que compra en cada una de ellas puede ser muy diferente. Ahora, saber esto tampoco se logra de la noche a la mañana. También se tiene que analizar, temporada tras temporada, qué prendas se venden más o menos en cada una, y esto ayuda en definitiva a afinar la imagen que tienes de tu consumidor.

Durante muchos años se satanizó al fast fashion, *ya que se consideraba un negocio oportunista que vivía de la creatividad de la alta moda. Hoy se le ha dejado de percibir de esta forma y se le admite como parte de la industria. Sin embargo, ¿crees que estas firmas siguen inspirándose en las marcas de lujo o que ya han comenzado a crear sus propias tendencias?*
Creo que sí se siguen inspirando en las tendencias propuestas por las casas de lujo, porque en ello radica gran parte de su negocio: ofrecer versiones accesibles de prendas en tendencia que el grueso del público no puede permitirse en las firmas de alta moda. No obstante, cada vez noto que hay mucho más propuestas originales en las marcas

de *fast fashion*, ya no imitan únicamente, sino que también proponen tendencias.

¿Sientes que dentro de las mismas marcas de fast fashion *hay diferencias o dirías que son todas prácticamente lo mismo?*
Todas comenzaron con una idea bastante semejante. No obstante, con los años cada una ha ido adquiriendo su propia personalidad y ha logrado tener un público distinto. Hay muchas tiendas que semejan más boutiques de lujo, que tienen productos mucho más de moda; otras, sin embargo, se han concentrado más en básicos o en *street wear*. No quisiera darte nombres, pero hay algunas tiendas que, al no tener bodega, tienen exhibido todo su inventario en piso. ¿Qué sucede entonces? Que las tiendas parecen almacenes, y esto puede repeler a cierto tipo de cliente que, aunque busca ropa accesible, le gusta otro tipo de ambiente.

¿Podrías hacerme un "mapa" de cómo debería ser la tienda ideal para ti?
Pues en la entrada tiene que estar la parte más elegante de la colección, la de tendencia. Luego, más adelante están los básicos, porque son lo ideal para complementar una prenda de tendencia. Y al final, me parece ideal tener la sección juvenil o de jeans, para el público más joven. Claro, esto es como yo lo he vivido en Europa, pero puede cambiar de acuerdo al país. Hay lugares donde debes poner a la entrada la parte juvenil. Una vez más, es cuestión de observación y de análisis de tu consumidor.

La rotación de las prendas, ¿qué tan frecuente suele ser en estas marcas?
Varía mucho. Hay quienes lo hacen cada semana, quien lo hace cada dos o tres.

¿Existe hoy día más relación entre calidad y precio en las prendas de fast fashion?
Se ha mejorado en muchos casos, pero puedo decirte que sigue habiendo un gran número de prendas de calidad pobre.

¿Cómo sería para ti una compra inteligente en este segmento de moda?
Cuando llegas con un producto a casa y no te arrepientes de haberlo adquirido. Una compra que has hecho por impulso y que más tarde te produce insatisfacción sería lo opuesto. Si te has llevado cinco prendas y tienes dudas sobre tres, has hecho una compra innecesaria. El punto emocional es muy importante, sentirte atraído por una prenda. Mi ideal de una compra inteligente es alguien que se llevó a su casa una prenda con una buena relación calidad-precio, en tendencia y que, además, sabrá llevar con estilo.

En el mundo del lujo...

Carlos Salcido, director de Mercadotecnia para Grupo Palacio de Hierro, cuenta con una de las carreras más sólidas en la industria: trabajó para Grupo L'Oréal y Louis Vuitton, y ahora está detrás del posicionamiento definitivo de El Palacio de Hierro como una de las tiendas departamentales de lujo más importantes de América Latina.

Carlos, ¿es la mercadotecnia amiga o enemiga del consumidor?
La mercadotecnia nació de la mano del comercio. Existen juntos desde que el mundo es mundo. Sin embargo, con los años se ha distorsionado el concepto, y muchas veces lo que se refiere a ella suena falso. Yo creo en la mercadotecnia como un conjunto de factores: tu forma de

exhibir, anunciar, publicar... cómo enganchas con tu cliente. Es la envoltura del producto. Y cumple su función cuando te suena cierta, cuando está tratando de vender un producto en una forma en que realmente sirve al cliente.

Para ti, ¿qué tan importante es la experiencia de compra para poder cerrar una venta?
Creo que hoy día la gente tiene infinidad de opciones para comprar: otras tiendas, comercio online... Por lo tanto, nosotros ofrecemos una experiencia de compra muchísimo más cercana al cliente, le proporcionamos un lugar donde se sienta a gusto, donde pueda socializar, comer, entretenerse e inspirarse. Creo que, en gran medida, el futuro del *retail* se centra en la experiencia de compra. No estoy de acuerdo cuando alguien me dice que las tiendas desaparecerán por culpa del shopping online. Puedes ordenar pizza online, pero no por ello la pedirás todos los días: habrá ocasiones en que se te antoje ir a un restaurante.

Me parece que lo mismo pasará con el comercio: una forma no acabará con la otra, será sólo una opción más. Lo importante es que, a nuestro estilo, le demos al cliente ese trato humano que no tiene en internet. Las experiencias en cualquier aspecto de nuestra vida son completamente interactivas: hay gente que revisa los precios en su celular mientras compra para cerciorarse si le estamos dando un precio justo. Pero estar frente a una pantalla nunca se comparará con estar frente a otra persona, ir de compras con tu familia, tus amigos o tu pareja. Vas a averiguar, a pedir otra opinión. Descubrir es realmente el corazón de la compra.

¿Crees que la elección del espacio de compra —virtual o físico— tenga que ver con una cuestión de edad, de generación?

No necesariamente. Se piensa que los milenials compran todo online, pero creo que toda la gente, sin importar su edad, ha descubierto que tiene ahora muchos canales de compra y los utiliza de acuerdo con sus necesidades. La interacción con las marcas y con los puntos de venta se ha vuelto hoy mucho más viva: amistosa, como la definiste tú. El lujo ya no es snob ni excluyente, está ahí para todo el mundo. Mucha gente que solía sentirse intimidada por las grandes marcas de moda, hoy las siente más próximas. Y tenemos que seguir cuidando esa relación. Es muy poco atrayente no tener un precio competitivo, un buen surtido de mercancía o un buen trato al cliente.

¿Crees que una persona deba tener una relación emocional con su shopping?

Absolutamente. Y es inevitable. Yo he conocido personas que se enamoran de un par de zapatos y los van a ver muchas veces, como si estuvieran teniendo un romance con ellos, y quizá no se atreven a comprarlos en ese momento, pero al final, después de unas cuantas visitas, se animan y se los llevan. Y no tiene necesariamente que ver con el precio, sino con el placer de coquetear con ese objeto de lujo que tanto te atrae. Es claro que éstas no son compras de primera necesidad, pero sí adquisiciones que te hacen soñar, que te dan gran placer.

Hace años, cuando trajiste a México a Paloma Picasso con L'Oréal, me diste la oportunidad de entrevistarla. Recuerdo haberla llamado "artista". Ella amablemente me respondió: "No, artista era mi padre. Yo sólo soy una mujer que hace cosas bonitas para hacer la vida más agradable a las personas. El arte es otra cosa". ¿Tú crees que esta podría ser una buena definición de lujo?

Sí, definitivamente: el lujo es eso que te hace soñar, te hace sentir especial, único. Creo que la señora Picasso lo tenía perfectamente claro, y al final no dejamos de ser comerciantes que quieren vender un producto. Tiene que ser negocio, pero no está peleada una cosa con la otra: se puede hacer un negocio, pero también se debe satisfacer y hacer soñar al consumidor.

La publicidad de El Palacio de Hierro es verdaderamente icónica. ¿Cuál es el mensaje que recibe el consumidor cuando ve un anuncio suyo?
Tenemos muy claro quién es nuestro cliente y siempre vamos a hablarle en un lenguaje que entienda, lo invitamos a tener estilo, a sentirse bien. Nos gusta ser inspiradores. Ésta es la palabra clave en toda comunicación: *inspirar*. Y claro que también hacemos campañas agresivas cuando tenemos rebajas o eventos especiales, pero siempre tratamos de adaptar cada circunstancia a nuestros anuncios. Buscamos consistencia, que el mensaje siempre sea el mismo… pero diferente. Por eso la gente nos sigue desde hace tantos años.

¿Cómo se ha conseguido que El Palacio de Hierro se convierta en un trademark que ya está completamente integrado a la cultura mexicana? Ser "totalmente Palacio" ya forma parte del imaginario colectivo…
Nos gusta mucho crear esta especie de orgullo en la gente. Decir "soy totalmente Palacio" es muy positivo, es sinónimo de "yo soy elegante, yo soy chic". ¿Cómo lo hemos conseguido? Buscando que nuestra competencia más importante seamos nosotros mismos. De hecho, la primera campaña que hicimos con Carmen Dell'Oreffice tenía como slogan: "Mi mayor competencia soy yo misma". Y creo que ése es nuestro lema.

¿Para ti cómo sería un consumidor inteligente de productos de lujo?
Se informa, sabe lo que quiere comprar (aunque sea un poco), sabe dónde comprar y a buen precio, aunque también… se da la oportunidad de ser espontáneo.

¿Crees que el shopping es frívolo?

Tiene que serlo un poco, porque eso es lo que lo hace divertido. Debe tener este componente de emoción del que te hablé antes, pero también debe tener frivolidad, porque es lo que hace soñar al mundo.

5. Aprender a comprar: el buen y el mal shopping

Hace poco tuve una discusión amistosa con una persona acerca del estilo. Este amigo me cuestionaba si existía algo que yo considerara un *mal estilo*, *versus*, claro, uno bueno. Yo le respondí contundente que sí, que había estilos buenos y malos. Mi interlocutor, un poco desconcertado, me llamó maniqueo y tirano por mi apreciación; así que decidí elaborar mi argumento.

Coco Chanel dijo alguna vez que había tantos *allures* como mujeres en el mundo, y yo modestamente he tomado su frase y la he hecho aún más universal, para no cerrarme sólo a las mujeres: para mí, hay tantos estilos como personas en el mundo. Lo creo firmemente. Hay estilos muy trabajados, llamativos, otros tan discretos que pueden pasar desapercibidos. Los hay elegantes o vulgares. Todos son válidos, todos tienen un lugar en el mundo y la sociedad. Entonces, ¿a qué me refiero cuando digo que hay buenos y malos estilos? Simple: cuando el estilo de una persona no es representativo de su personalidad, cuando su vestimenta no le sirve para mandar el mensaje que quiere dar con su actitud, estamos ante un mal estilo. Una ejecutiva poderosa que se vista con desaliño tiene un mal estilo, porque no la ayuda a mostrar autoridad y poder. Un cantante de rap que se vista con traje y corbata para dar un concierto tiene un mal estilo, porque con su atuendo no está comunicando el mensaje de rebeldía y frescura que busca con su música. O imagínate a un director de banco vestido como Pharrell Williams. ¿Me explico? Ése es un mal estilo, aquel que envía un mensaje equivocado, distorsionado, erróneo, incluso contrario a lo que quieres comunicar.

Haciendo un paralelismo, lo mismo puedo decir que hay buen y mal shopping. Y aunque ambos en un inicio son satisfactorios, cuando pasa el *rush* de la novedad, la realidad se revela: con el bueno hiciste compras que te llenan de satisfacción... y con el malo te sientes culpable y, a veces, hasta estúpido.

Mal shopping...

Como ya dije antes, este libro no pretende crucificar ni juzgar a nadie. Yo sería el menos indicado para criticar a alguien que compra por deporte. No obstante, sí me interesa mucho compartir contigo las experiencias buenas y malas que he tenido a lo largo de mi vida como comprador de moda, porque a pesar de que nadie escarmienta en cabeza ajena, escuchar las historias de otros siempre nos ayuda a reflexionar sobre las propias. Y un consejo escuchado a tiempo nos puede evitar un mal rato.

Aunque ya había dejado de cubrir necesidades importantes de mi vida cotidiana a causa de mis compras compulsivas, creo que la primera vez que el mal shopping me golpeó duro y a la cabeza fue en el año 2002, cuando el euro hizo su aparición como la moneda oficial de la Unión Europea. Era marzo, la temporada de los desfiles del *prêt-à-porter* en Milán y París, y yo viajé hasta ahí para cubrirlos para la revista *Marie Claire*. A diferencia de otros viajes que había hecho en mi vida, en éste me sentía especialmente poderoso por una razón de peso: estaba estrenando mi primera tarjeta American Express. La recuerdo nuevecita, verde, brillando dentro de mi cartera y esperando desesperadamente a que yo la usara, cosa que no tardó mucho en suceder. ¡Ay!, ¡y cómo!

Quizá recordarán que, cuando nació el euro, su paridad cambiaria era un poco más baja respecto al dólar americano. Por ende, cuando entré a las boutiques de mis sueños y vi aquellos precios, me dio un vuelco el corazón. Todo lucía extraordinaria y seductoramente más barato. Entré a Dior a buscar la mochila *Trotter*, de la colección estrella creada por John Galliano, y que toda celebridad o fashionista que se preciara debía poseer. La pusieron frente a mí. La vi, la toqué y me embriagué con ese olor a nuevo que sólo los viciosos de las compras reconocemos y que puede ser más adictivo que la cocaína. Eché un vistazo a la etiqueta del precio, pensé: "¡Wow, qué ganga!", y sin dudarlo le dije a la vendedora que me la llevaba. Mientras me la envolvían, vi un par de lentes de sol —de ésos que eran de cristal tornasolado— y también se sumaron a la cuenta... lo mismo que un brazaletito de PVC. Encima, al pagar, me ofrecieron *tax refund*, algo que hasta entonces no había hecho jamás. "Le devolverán el IVA en el aeropuerto", me dijo con voz cantarina la vendedora de Dior, y mi excitación subió al siguiente nivel.

Con este subidón de adrenalina y ya encarrerado, entré a Chanel, Vuitton, Armani, Gianfranco Ferré, Jean Paul Gaultier y algunas otras de las tiendas que siempre me habían vuelto loco, pero a las que sólo había ido a comprar cosas muy puntuales... y en efectivo. Sí, mi "llave del mundo" me estaba dando la posibilidad de abrir muchas puertas... pero también una caja de pandora. Loco de contento con mi cargamento volví a la Ciudad de México y causé revuelo en algunas fiestas a las que fui luciendo mis recién adquiridas prendas, algunas de las cuales ni siquiera se conseguían en México. Me sentía extraordinariamente fabuloso, hasta que unos días más tarde llegó el estado de cuenta de American Express, y la dicha se transformó en miseria.

Cuando era niño y mi madre me mandaba al mercado, siempre quitaba unos cuantos centavos de cada cosa que me había pedido comprar para que quedara un remanente para mí, y poder comprarme un juguete, una revista o dulces. Cuando le explicaba a mi madre los gastos, ella siempre me miraba con sospecha y decía: "No me vengas con las cuentas del gran capital", de modo que casi siempre terminaba confesando los ajustes de precio que había hecho a mi favor. Pues bien, yo había hecho en mi cabeza las "cuentas del gran capital" con mi shopping en Europa. Al empacar en el hotel en París todo lo que había comprado hice un repaso de lo que creía haber gastado y llegué a la peregrina conclusión de que era una suma alta, pero que con mi sueldo de ese mes todo quedaría cubierto. "Me aprieto el cinturón un poco y todo resuelto." Pero nanay. Cuando abrí el sobre con el estado de cuenta y vi la cantidad que había gastado, sentí que el estómago se me iba a los pies. Esa sensación de terror que te eriza y enfría me recorrió como un latigazo la espina dorsal: la cantidad que tenía que pagar no era mi sueldo de un mes, sino el de cuatro.

Mientras veía que todo estuviera correcto y no me hubieran cargado alguna compra fraudulenta —la primera reacción de autodefensa antes de admitir mi gran estupidez—, recorrí aquella lista de compras que semejaba un directorio telefónico. "Pero ¿en qué momento compré esto? ¿En serio estos zapatos costaron tanto?", me decía a mí mismo, primero en absoluta negación, luego con incredulidad, hasta que, finalmente, tuve que aceptar la realidad. Sí, todo aquello lo había comprado yo mismo y estaba ahí, en mi clóset, riéndose de mí. Y adivinen qué: en menos de una semana tenía que pagar el total de mi cuenta con American Express, porque el no tener límite de gastos tiene un precio... que tiene que ser cubierto en un mes sin excusa ni pretexto. Y ellos no se andan con tonterías.

En fin. Tuve que echar mano no sólo de mi sueldo del mes sino de mis ahorros y hasta pedir prestado para saldar mi deuda. Mi autoestima, tan elevada el mes anterior, ahora estaba por los suelos: no dejaba por un momento de decirme a mí mismo cuán idiota era. Obviamente obtuve un gran aprendizaje de esta mala experiencia, pero antes de contarte mi sublimación, quería exponer primero este caso como *un ejemplo mayúsculo de mal shopping*.

El mal shopping, para definirlo en una frase, es aquel que en un aspecto u otro no cumple con nuestras expectativas y, lejos de convertirse en un beneficio y brindarnos servicio primero, y placer después, termina siendo un gran malestar. Te enumeraré las características más importantes del mal shopping:

1. *Es inconsciente.* Es mal shopping el que se hace sin pensar o reflexionar y dejando que nuestros impulsos se antepongan a la razón. Claro está que gran parte del ADN del shopping es el deseo, que a veces suele resultar irrefrenable. No obstante, y así como usamos preservativo para tener sexo seguro, tenemos que usar protección contra malas decisiones a la hora de comprar. ¿Cómo? Poniendo un poco de cabeza y haciendo consciencia de lo que estamos haciendo en el momento de comprar.

2. *Es irreal.* Esto no significa que estés comprando algo virtual o intangible (como cuando pagas por que pongan tu nombre a una estrella), sino que compras cosas en lo que los estadunidenses llamarían "*wishful thinking*", es decir: para situaciones deseadas, más que realistas. Por ejemplo, comprar un vestido "por si tienes pronto una fiesta o una boda"; o comprar prendas que no son de tu talla para, o bien mandarlas ajustar, o entrar en ellas cuando pierdas peso. También es irreal comprar algo que está muy barato para "algún regalo futuro de cumpleaños o de navidad" de alguien abstracto. Eso podría ser algo bueno si formara parte de un plan de compra, pero si lo hacemos sólo por impulso y sin fundamento puede convertirse en una mala compra y un desperdicio de dinero.

3. *Es impulsivo.* Esto va más allá de lo inconsciente: es algo que hacemos a sabiendas de que no está del todo bien. Aunque parezca trabalenguas, es una compra consciente que a ultranza sabemos es inconsciente. "Venga, ¡qué más da!", te dices a ti mismo y te dejas llevar por el impulso, "el calentón". Es como cuando estamos en la fila del súper y, justo antes de pagar, vemos que junto a la caja están las baterías, los chicles y las revistas de chismes, y sólo por impulso, por no dejar, tomamos alguna de estas cosas y se la damos a la cajera antes de que pase nuestro último artículo. Es el tipo de compra que hicimos sabiendo que no era necesaria, pero que estaba allí... y pues ya qué. Pero te aseguro que si sumaras lo que te gastas en un año en esas tonterías

que compras a lado de las cajas registradoras, te daría un shock hepático. Claro está que el problema es mayor cuando lo que compramos por impulso no son unos chicles o la revista *TVyNovelas*, sino un traje de Valentino o unos zapatos Chanel. Ahí sí que estamos en problemas, especialmente cuando, como me pasó a mí, estos productos no estaban dentro de mi presupuesto.

4. *Es inútil.* Comprar algo que no podemos usar en ese momento o en un futuro inmediato es una de las características más típicas del mal shopping y podría ir de la mano con el *wishful thinking*.

5. *Es financieramente catastrófico.* Después de mi anécdota de inicio del capítulo, ¿qué más les puedo poner como ejemplo? Endeudarse por el shopping es una decisión personal perfectamente válida. Pero que nos arrastre como una ola en Acapulco, no es nada cool. Es verdad, cada uno decide lo que hace con su dinero, pero piensa un poco: endeudarte a lo bestia y comprar a crédito no es gastar tu dinero, sino el del banco; y más temprano que tarde va a venir a cobrártelo con intereses. Por ello, si eres de los que dicen: "¡Tarjetazo!" o "¿Qué tanto es tantito?" sin estar consciente de las consecuencias que eso puede tener, entonces eres un abanderado del desfile del mal shopping.

Buen shopping

Soy una persona llena de historias, y de la misma manera en que tengo malas, también tengo buenas. Y me parece útil compartirlas con ustedes porque un buen consejo surte mejor efecto si tiene un ejemplo cercano que lo refuerce, ¿no creen? Ser un comprador inteligente es como volverse un viejo sabio: toma tiempo y requiere de la acumulación de muchas experiencias. En un mundo que va tan rápido como el nuestro, las experiencias de vida son tan intensas y rápidas que, si somos inteligentes y las aprovechamos, podemos ser personas sabias a muy corta edad. Eso es lo que me gustaría que ustedes sintieran al leer este libro, que mis experiencias les resulten ilustradoras o los encaucen para analizar las suyas y obtener algún aprendizaje nuevo.

La historia que les conté sobre mi arrebato de compras con la American Express tiene algo bueno: además de hacerme de todos esos lindos objetos —algunos de los cuales siguen aún conmigo—, también aprendí mucho. A pesar de que hubiera mucho de "con sangre entra la letra" en ella, les puedo decir que la recuerdo casi como una escena de película —yo saliendo cargado de bolsas de las boutiques más cucas de París y Milán— que además tuvo un final feliz: aprendí cómo NO se debe comprar. Desde entonces, he tratado de planear con más cautela mis adquisiciones para no dejar de pagar la renta, la luz o la comida por culpa de un desfalco en Prada.

Cuando trabajaba en *Marie Claire*, publicamos un artículo de mujeres comunes y corrientes que nos dieron sus tips para estar a la moda sin necesidad de poner en peligro sus finanzas domésticas. Una de ellas, la que para mí tenía más "onda", era una chica de Manhattan que tenía dos niños y vivía de una manera bastante normal, y hasta diría que modesta. Su súper estilo estaba sustentado por una sola cosa: zapatos. Los tenía de todos los diseñadores y en todas las formas y estilos posibles. En este punto, las lectoras de la revista ya se estaban relamiendo los bigotes por saber qué hacía esta mujer —que podría ser como cualquiera de ellas—para tener ese tesoro que toda fémina desea. Y su secreto era la cosa más simple del mundo: la lata para los zapatos. En una lata vacía de café, esta mujer ponía todos los días las monedas sueltas que le quedaban en los bolsillos o el monedero. El día de pago ponía cincuenta o cien dólares, lo que sus finanzas le permitían. Eventualmente hacía trabajos de *freelance*, y ese dinero que consideraba extra de su ingreso habitual iba directamente a la lata de café. Cada tres meses la abría y contaba lo ahorrado. Si había un par de zapatos que la volvieran loca o una buena oferta, utilizaba el dinero para comprarlos. Si no, cerraba la lata y la seguía alimentando hasta que apareciera otro par del que se enamorara perdidamente. En un lapso de tres años, esta mujer había conseguido amasar una colección de zapatos que envidiarían algunas celebridades... y todo gracias a una bien nutrida alcancía que para nada se interponía en su sistema financiero familiar. Éste es un ejemplo ideal de buen shopping. Y la verdad es que su historia me inspiró tanto que seguí su ejemplo y en un lapso no mayor a seis meses pude comprarme mi primera bolsa verdaderamente cara: un maletín de Chanel que hasta la fecha conservo y ha sido una de las mejores inversiones de mi vida. Hasta la fecha, tengo mi propia "lata para los zapatos" y me sigue dando tremendísimas satisfacciones.

De la misma manera en que desmenucé para ti el mal shopping, me gustaría hacerlo con el bueno, porque no tiene ningún objeto que la gente nos diga lo que hacemos mal sin enseñarnos a hacer las cosas bien. El buen shopping

es aquel que cumple correctamente su función, cualquiera que ésta sea. Esto es: que si estás comprando por necesidad, entonces debe cubrir esa necesidad; o, si compras por placer, busca que sea una experiencia satisfactoria... y que no traiga consigo una carga negativa posterior. Un buen shopping es:

1. *Balanceado.* Es aquel donde intervienen en proporción semejante cabeza y corazón. Esto quiere decir que tus compras no fueron hechas solamente por impulso o por pura necesidad, sino que ambos factores tuvieron su parte en las decisiones tomadas. Es decir, no saliste de tu casa y entraste a la primera zapatería que viste para comprarte unas botas —impulso— ni pasaste a un estanquillo por una botella de agua y te marchaste —necesidad. Una buena compra debe tener idealmente un 50% de impulso y deseo, y otro 50% de conciencia y cordura. A veces la balanza se inclina más hacia un aspecto que otro, pero esto es válido mientras el porcentaje de uno no elimine casi por completo al otro. Y atención: no importa cuál sea tu finalidad de compra, si vas a adquirir algo porque te hace falta —unos pantalones ligeros para el verano, por ejemplo—, la necesidad no debe ser impedimento del placer. Escoge con raciocinio, pero pásatela bien y disfruta igualmente de la experiencia. O yéndonos al otro extremo, si quieres unos aretes que te fascinaron —pero que no necesitas—, no debes dejar que el placer te ciegue tanto que no seas capaz de hallar la utilidad de tu compra: cómo vas a combinar los aretes, si te favorecen... en una palabra: si realmente vas a usarlos. Si logras equilibrar lo utilitario y lo placentero en tu compra, esto es sinónimo de buen shopping.

2. *Satisfactorio.* Bueno, ésta es la mejor parte. Es muy fácil sentirse bien cuando uno hace shopping. ¡Así lo diseñaron! Pero no vayamos tan rápido. La satisfacción que debe producir un buen shopping tiene que ser duradera y no sólo un *rush* momentáneo que, cuando se pasa, suele dejar una gran cruda moral —*¿en qué habré estado pensando cuando compré esto?* Piensa en ese gustito que se siente ir de tiendas,

encontrar lo que buscabas —o lo que no esperabas—, probártelo, que te quede de maravilla, pagarlo, llegar a tu casa, desempacarlo, volvértelo a probar y estrenarlo en una fecha próxima con extremo placer. Si una de estas partes de la cadena falla —desde que lo encontraste hasta la primera vez que lo usaste—, es que algo no salió bien y este shopping no calificaría como bueno. No obstante, si todo ha salido a pedir de boca, no hay arrepentimiento alguno y existe una total satisfacción en todo el proceso, entonces el shopping fue más que bueno: fue perfecto.

3. *Edificante.* Habrá alguien que cuando lea este apartado arrugará la nariz y pensará que estoy bromeando. ¿Edificante el shopping? Pero yo diré con toda seguridad que sí, sí puede ser edificante. Quizá no en la estricta definición de la palabra —la Real Academia de la Lengua Española define un hecho edificante como un acto que inspira piedad y virtud—, pero sí en su acepción constructiva, dignificante. Y aquí haré un poco de referencia a mi obra anterior, *El libro del estilo*, donde mi premisa básica era: "Descubre la persona que eres y entonces aprende a vestirla: eso es descubrir tu estilo". Con el shopping puede pasar algo muy parecido: si lo que estás comprando es algo que te ayudará a expresar mejor tu personalidad y por tanto tu estilo, ésta es, para mí, una compra edificante. Y atención: cualquier cosa que te haga sentir bien y ver el lado más bello de la vida no tiene nada de frívolo. Un buen par de zapatos te puede hacer caminar más seguro, unas gotas de perfume te pueden hacer sentir más atractiva, un buen traje te hará sentir que puedes conquistar el mundo... y seguro lo harás si te lo propones. Por ello, si lo que compraste te hace sentir así de bien, de poderoso, entonces tu shopping ha sido bueno... y edificante, por supuesto.

4. *Útil.* Claro, de la misma manera en que el mal shopping es inútil, era obvio que el bueno tenía que ser útil. Ahora, como dijeran los niños: ¿útil cómo? Pues así: la utilidad de una compra radica en que cumpla los fines para lo que fue adquirida. Y no sólo hablamos de ropa, sino

de cualquier producto o servicio por el que hagamos un desembolso monetario. Piensa en un suéter que te hace ver gordo aunque no lo estés, en unos zapatos que te llenaron de ampollas y no quieres volver a ver en tu vida, en esa bolsita tan mona que compraste y que el primer día que usaste comenzó a descarapelarse. Todo esto es un pequeño muestrario de compras inútiles que no sólo implican un desgaste económico, sino también moral. Ahora: si un masaje te relaja, un lipstick te deja unos labios de tentación, un collar de Swarovski hace que seas el blanco de todas las miradas o unos zapatos de Gucci hacen que la chica más guapa de la fiesta se acerque a charlar contigo, entonces todas estas compras habrán sido útiles... y tu dinero estuvo bien gastado.

Después de haberte hablado un poco de este yin y yang del shopping, me parece importante hablarte de lo que yo llamo "El plan de compras", que al final del día puede ser el esqueleto del buen shopping, su estructura y sustento. Comencé a trabajar en esta idea cuando me hice *personal shopper*, en Asia. Descubrí que esto, que es parte del proyecto que le presentas a un cliente que requiere tus servicios como estilista, te puede ayudar mucho a ti mismo cuando vas de compras. Recuerdo que cuando se lo propuse a una señora china con la que iba a trabajar, me miró muy triste y me dijo: "¿Entonces esto no será divertido, no vamos a ser espontáneos?". Me sentí un poco como Monica, el personaje de Courteney Cox en *Friends*, cuando trata de poner reglas a un juego de arrojar la pelota: "Si le ponemos reglas a la diversión... ¡es aún más divertida!". Por supuesto, todos se retiran del juego y dejan sola a Monica. Mi clienta, sin embargo, no se fue; antes me dio la oportunidad de mostrarle mi estrategia simple, pero eficaz. Claro que se puede seguir siendo divertido y espontáneo en el shopping aunque planees y hagas estrategias, pero esto me lo reservo para el siguiente capítulo.

6. Shopping planeado... vale por dos. Corazón, cabeza y cartera

YA EXPLIQUÉ MI TEORÍA ACERCA DE QUE COMPRAR CON LA CABEZA NO TIENE necesariamente que acabar con la espontaneidad o la diversión del shopping. Simplemente, nos hará compradores más asertivos, es decir, mucho más eficientes y congruentes. Como no me cansaré de repetir, cualquiera que sea la finalidad de tus compras —placer, necesidad— siempre te ayudará mucho un poco de estructura.

Pocas veces, si no es que ninguna, proyectamos lo que vamos a comprar, salvo en el caso de la lista del supermercado. Y quizá con esta misma lógica deberíamos planear nuestras compras de moda. Tampoco hay mucha diferencia entre una cosa y otra: se trata de cubrir necesidades, unas más apremiantes que otras, pero necesidades al fin y al cabo. Así que, si haces una lista para comprar pan, atún, champú y cereal, ¿por qué no hacerla con tu otro shopping?

Antaño, las familias planeaban sus compras de ropa de acuerdo con sus más estrictas necesidades, y, salvo las personas con alto poder adquisitivo, la gente no solía tener muchas prendas. Más que moda, trataban de buscar calidad y durabilidad en lo que adquirían. Esto hacía que la gente comprara menos... y usara más. La ropa se lavaba, se mandaba a la tintorería, se reparaba y realmente se desechaba cuando ya estaba muy gastada o de plano ya dejaba de quedarnos bien; rara vez la gente se deshacía de ella porque estuviera "pasada de moda". Seguramente ustedes habrán escuchado historias —o las habrán vivido en carne propia si tienen más de 30 años— acerca de los hermanos menores que iban heredando la ropa de los mayores. Hoy, esto ya casi no sucede por diversas circunstancias: el valor de la ropa se ha devaluado de tal manera que es más fácil comprarla nueva que almacenarla. Igualmente, la calidad de las prendas —especialmente las del *fast fashion*— ha decrecido a tal punto que, salvo contadas excepciones, se deteriora tan rápido que no merece la pena guardarla. Si eres de los que guardan la ropa de invierno o de verano para que no ocupe espacio en el clóset mientras no la usas, notarás que, al desempacarlas después de meses de estar almacenadas, algunas prendas lucen sin forma, sus textiles se han degenerado y se ven viejas... feas. Así que, sin dudarlo, las desechas y vas por otras nuevas.

Por esta razón, antaño era más fácil planear lo que comprarías: ibas por un abrigo cuando el tuyo ya estaba hecho una garra, o comprabas ropa interior cuando los resortes habían dado de sí o, de plano, las prendas ya estaban llenas de hoyos. Seguramente las madres o abuelas de algunos de ustedes todavía zurcían calcetines, cambiaban resortes o remendaban agujeritos en los suéteres. ¿Alguno de ustedes ha oído hablar del "zurcido invisible"? Era una técnica de sastrería que servía para arreglar prendas de vestir, especialmente trajes de mujer u hombre, y que consistía en reparar agujeros, rasgaduras o manchas volviendo a tejer la trama de la tela con hilos que se sacaban de partes no visibles —como los dobladillos— y uniéndolos con un pegamento especial. Las prendas literalmente quedaban como nuevas, y sólo alguien con muy buen ojo podía ubicar dónde estaba la reparación. Y aunque en Asia se sigue practicando, este arte está casi extinto porque muy pocos lo utilizan. ¿Para qué reparar algo, si es más práctico salir a comprarlo nuevo?

Justo por esta caducidad extrarrápida de la ropa, las compras ya no se planean, sino que se hacen sobre la marcha, como un acto cualquiera en tu vida cotidiana. Sales a comer, te cruzas con una tiendita que tiene cosas monas y te compras algo, así, porque te gustó y pagas con tu tarjeta de crédito. ¿Por qué no? Pues bien, el problema de esta falta de planeación en nuestras compras es que nos vamos llenando de ropa de forma desordenada, sin sentido, y que a veces ni siquiera complementa nuestro guardarropa. Debido a ello, muchas veces nos vemos en el famoso dilema de tener un armario lleno de ropa... y nada que ponernos. Pero no soy tan arcaico como para sugerirte que compres como lo hacían nuestros abuelos, porque los usos cambian con el tiempo. Sin embargo, y ahora que nos gusta tanto lo vintage, no sería mala idea recuperar un poco los estilos de comprar de antaño... y adaptarlos a nuestra era. Por eso creo firmemente que tenemos que aprender a crear estrategias para comprar.

Mente fría, bolsillo contento

Como toda acción que necesita fases consecuentes de ejecución, el shopping debería tener un plan, una estrategia. ¿Para qué? para tener un guardarropa más coherente y efectivo y no acumular sin sentido prendas que, peor aún, desangran nuestra economía de manera inútil. Así que es importante que tomes en cuenta estos factores. Quizá, primeramente debas hacerlo de manera más pensada; organizarte, hacer listas y recordatorios. Después de un tiempo, verás cómo lo haces de manera más natural, una vez que lo hayas incluido en tu sistema mental.

El *budget*

Ésta es la parte que a los shoppers menos nos gusta: decidir cuánto podemos —o no— gastar en ropa. "Esto vuelve el shopping un engorro", diríamos algunos; pero la verdad es que no. Después de mi episodio con la American

Express que les conté en el capítulo anterior, mentalmente me establecí límites personales para comprar y esto me fue de gran ayuda. Les pondré un ejemplo. Cuando viajo a alguna ciudad —ya sea por trabajo o vacaciones— donde se puede hacer buen shopping, dígase París, Hong Kong, Nueva York o Milán, trato de organizar mi presupuesto de la siguiente manera. Divido mi dinero en tres: un porcentaje para hospedaje y transportación, otro para comida, y el tercero y más delicioso, un porcentaje para compras. Digamos que en alguna ocasión me he encontrado esos zapatos con los que he soñado siempre, o esa bolsa que no había podido sacar de mi cabeza desde que la vi en *Vogue*. Si entra en mi presupuesto de compras, qué maravilla. Pero si se excede, intento ver si puedo tomar un poco de otro de mis *budgets*. Tengo perfectamente claro que el presupuesto destinado a hospedaje o transportación es intocable, a menos que quiera pasar una noche durmiendo en la banca de un parque o regresarme caminando al aeropuerto. Sin embargo, con el de la comida sí que puedo jugar. Decido entonces sacrificar parte de ese presupuesto comprando en supermercados, comiendo en un *fast food* o hasta en un puesto callejero (una *crêpe* parisina, por ejemplo), y me olvido por uno o varios días del restaurante. Así es como puedo extraer un poco de dinero de ese *budget*, ponerlo en el del shopping y hacerme de aquella prenda que me vuelve loco. Claro que habrá mucha gente que prefiera la experiencia culinaria, y decida comer en buenos restaurantes y sacrificar entonces su presupuesto para shopping. Bien hecho. No hay reglas, simplemente se trata de diferentes prioridades personales. Pero si aun sumando el presupuesto de comida al de compras no me alcanza para comprar lo que quiero, entonces con todo el dolor de mi corazón desisto del plan y pongo mis miras en otra cosa, o bien guardo el dinero y lo sumo al presupuesto de shopping del siguiente viaje.

Tener *budgets* te hará más fácil planear tus gastos, pero mejor aún, te ayudará a comprar de manera más eficiente al reflexionar un poco más en la compra que estás haciendo. Pon en marcha esta estrategia y verás cómo, al cabo de un tiempo, te resultará de gran utilidad. Estos son los *budgets* que debes tomar en consideración, especialmente si eres de los que adoran comprar.

1. **Budget** *para necesidades*. Éste es el más importante de todos: el que debes destinar a cosas que en realidad te hacen falta. Por ejemplo, si necesitas un abrigo para el invierno, un traje para el trabajo, una blusa blanca básica, unos jeans o ropa interior. Éstas son compras que realmente necesitas para vestirte en tu día a día, de modo que son más importantes y hay que anteponerlas a las prendas que te gustan, pero que realmente no necesitas.

2. **Budget** *para misceláneos*. Ésta es una cantidad que puedes reservar para prendas que no necesitas, pero que te gustan. Es decir, ese vestidito tan mono que viste en el centro comercial, esa camisa estampada que te quedaría muy bien con esa chamarra de mezclilla... o ¡esos zapatos para los viernes casuales! Todo esto es perfectamente válido y te puedes dejar llevar por ello, siempre y cuando te mantengas dentro del presupuesto que te has fijado. Te darás cuenta de que, al hacer este proceso mental para ver si estás dentro de tu budget, también podrás "enfriar" un poco el impulso y reflexionar si en verdad el vestido, la camisa o zapatos te gustan tanto, o si, por el contrario, son sólo un capricho pasajero y puedes vivir perfectamente sin ellos.

3. **Budget** *para ocasiones especiales*. Éste es un presupuesto más puntual, digamos que extraordinario. Dependiendo de tus ingresos —y de lo que quieras comprarte, claro está—, puedes sacarlo del dinero de un mes o de varios. Se trata de una compra puntual por gusto —tu primera bolsa de marca, unos zapatos de diseñador— o por una necesidad eventual: cuando vas a ir a una boda, a una graduación, a una cena o cualquier acontecimiento social importante para el que necesites una indumentaria específica que no tengas en tu guardarropa. Puede ir desde una pieza de joyería, pasando por unos zapatos o una bolsa, hasta llegar a un traje o un vestido de gala, dependiendo de la ocasión.

Claro que ésta es una inversión inusual, así que se puede planear con antelación. Por ejemplo, si sabes que tienes una boda en cuatro o cinco meses, tienes tiempo de proyectar más o menos cuánto quieres gastar, y puedes decidir cómo distribuirlo en tus ingresos. Es importante tomar en cuenta, en este tipo de compras, que la prenda que vayas a comprar sea versátil, es decir, que tenga posibilidades de volver a usarse, más aún si tu guardarropa es limitado. Por ejemplo, en el caso de los hombres, más vale que adquieran un traje que les sirva para otras ocasiones, además de aquella por la que lo están comprando, y en el caso de las mujeres, tratar que el vestido o los zapatos puedan llevarse en otros momentos con diferentes prendas. Y aunque es cierto que una mujer detesta repetir vestido de gala o de noche, si compras uno básico al que puedas sacarle partido cambiando de accesorios y complementos, entonces estás haciendo una compra más inteligente.

La locación también es importante

Parece mentira, pero los individuos nos comportamos de manera muy diferente en los diversos espacios para compras. Por ejemplo, no es lo mismo comprar en una tienda departamental que en una boutique, porque nuestra percepción del shopping se altera debido al entorno. Parece mentira, pero es así. Por ejemplo, en un mall el *window shopping* es fundamental, porque es el que te impulsa a entrar al establecimiento o quedarte fuera. Y a menos que conozcas bien la tienda en cuestión y sepas que ahí encuentras generalmente cosas que te gustan, si lo que ves en el escaparate no te atrae, te seguirás de largo sin presión alguna.

En una tienda departamental tienes más libertad de ver, tocar, pasar de una marca a otra, y tienes poca presión del personal de ventas, que usualmente se acerca a ti para saludarte y ver si se te ofrece algo, o bien cuando te ve con intenciones de comprar. Salvo en los departamentos de perfumería, donde las vendedoras suelen ser más agresivas, no sientes demasiada presión que te obligue a comprar.

En un mercado ambulante, por otra parte, tienes más libertad de elección, pero hay dos cosas importantes que te pueden llevar a comprar algo equívoco: el hecho de que los precios son más bajos, y el que el mercado callejero, al ser intermitente, no es un lugar al que puedas volver con tanta regularidad. Por eso, a veces apresuras una compra de capricho —"No sea que la próxima vez que venga ya no haya"—, pero cuando lo piensas mejor, te das cuenta de que pudiste prescindir de ella.

En una boutique la cosa es diferente, más aún si se trata de una marca de lujo. Desde el momento que entras, eventualmente, tú, como cliente, eres el centro de la atención de todo. Estás en un lugar que te enmarca, que te envuelve, que literalmente te captura. Los objetos divinos que tienes alrededor tuyo, y el trato personalizado y elegante que te ofrecen las vendedoras, ejercen un poco más de presión psicológica en ti. Todo este entorno te puede hacer sentir más comprometido a comprar algo.

En cualquiera de estas situaciones, ponte estos pensamientos en la mente:

1. *Vas con una idea.* Trata de apegarte lo más que puedas a ella. Si es por necesidad o por gusto, trata de no salirte demasiado de tu intención inicial de compra.
2. *Tienes un* budget. Aunque a veces pese, piensa que es mejor ajustarnos al presupuesto que tenemos para comprar. Sí, es válido salirnos de él, de vez en cuando, pero procuremos no hacer de ello una costumbre, porque es entonces cuando comienzan las lamentaciones futuras.
3. *No caigas en trampas.* Como ya dijimos antes, procura no caer en los trucos que la publicidad y la mercadotecnia te ponen para comprar cosas que no necesitas. ¿Cómo hacerlo eficientemente? Apegándote a la idea de lo que quieres comprar y cuánto tienes para comprarlo.

4. *No te dejes presionar.* Los vendedores utilizarán todos los argumentos posibles para cerrar una venta. Ése es su trabajo. Y debo reconocer que hay algunos tan buenos y convincentes, que tan sólo por su buen trabajo merecerían que les compraras. No obstante, su voz puede resultar como un canto de sirenas que puede llevarte a una realidad nada agradable: comprar algo que no querías. Por más que te digan: "Es una edición limitada", "Es el último que me queda en su talla", "Tenemos meses sin intereses", "Estamos de promoción" o "Le regalamos esta bolsita de tela *que-no-sirve-para-nada-pero-está-muy-linda*", no caigas en el juego: da las gracias cortésmente y sal de ahí... antes de que sea demasiado tarde.

Ejercicio de planeación

En teoría todo esto puede sonar bien, pero en la práctica lo vislumbras como algo más complicado. Aunque no tiene por qué ser así. La verdad es que todo es cuestión de organizarse: te lo dice alguien que ha tenido que vivir de sopas instantáneas por un par de meses con tal de comprarse algo de Chanel. De modo que te expondré un plan que podrás modificar de acuerdo a tus necesidades, gustos y, lo más importante, presupuesto.

a) *Organiza tus gastos.* De tus ingresos mensuales —no quincenales— separa lo que usas para tus necesidades básicas: renta, servicios, comida, etcétera. Del excedente, decide qué porcentaje te gustaría destinar para hacer compras. Por ejemplo, digamos que de tus ingresos te quedan libres 5 mil pesos. Decide entonces si quieres usarlos todos o sólo una parte (2 mil, 3 mil) para esta finalidad.

b) *No es obligatorio gastar.* Los compradores solemos pensar que porque tenemos dinero extra tenemos que gastarlo de inmediato; mi abuela me decía: "parece que el dinero te quema las manos". Y justamente ésa es la idea que debes de apartar de tu cabeza, porque en este momento puedes comprar cosas que no deseas ni necesitas, y que sólo te interesan por gracia de la ociosidad mental. Comprar por sistema, por pasatiempo, por aburrimiento, no por verdadero gusto ni necesidad. O sea que si durante ese mes no necesitabas nada importante en tu guardarropa ni deseabas comprarte algo con locura, ahorra ese dinero. Ponlo en la "lata de los zapatos" de la que te hablé antes o déjalo guardadito en tu cuenta de banco. Esto siempre tendrá algo positivo: que el mes siguiente tendrás el doble de presupuesto para comprar.

c) *Si necesitas comprar algo.* Siempre es preferible ir con una idea clara de lo que te hace falta, y una lista en tu celular o en una hojita de papel

puede serte de gran utilidad. Pon en tu mente lo que necesitas comprar y ve a buscarlo. Digamos que debes tener un pantalón azul para el trabajo y ropa interior. Probablemente ya tengas una marca o una tienda que te gusten especialmente, pero trata de ver más opciones, porque a veces te llevas sorpresas muy agradables. Por ejemplo, recuerdo que hace un par de años, buscando un suéter negro en Nueva York, estuve a punto de comprarme uno en Banana Republic. Pero lo pensé mejor y decidí esperar. Ese mismo día me topé con una tienda que estaba rematando su inventario por cierre, y encontré allí un suéter de Zegna, de mucho mejor calidad, por casi el mismo precio. Por ello, te sugiero que hagas *scouting* en varias tiendas para hallar diferentes opciones de lo que necesitas comprar, para que al final te decidas por la que más te convenga... y te guste.

d) *Si deseas comprar algo.* Este apartado sería casi igual que el anterior, sólo que aquí no hay una necesidad, sino un placer de por medio. En este rango pondríamos esas cosas que has visto y quisieras comprar a toda costa aunque no necesariamente te hagan falta. Si estás seguro al 100 por ciento que quieres hacer esa compra y está dentro de tu presupuesto, adelante. Disfrútala mucho. Si se sale de presupuesto un poquito y puedes arañar un poco de aquí y allá, bien también. Pero si se sale por completo de lo que tenías pensado gastar, entonces da un paso atrás y piénsalo dos veces. Y aquí también te recomiendo algo: busca en otros lugares —incluso online— para ver si el artículo que quieres está a mejor precio o con mayores facilidades de compra. El acto mismo de no comprar de inmediato y comparar en otros lugares te ofrece también un poco de perspectiva y te puede ayudar a hacer consciente si en realidad deseas tanto eso que planeabas comprar, o no.

e) *Si te gustaría comprar algo, pero no sabes qué.* Cuidado, mucho cuidado. Aquí nos enfrentamos al problema que menciono en el inciso *b*, esas ganas que tienes de gastar por gastar. Es verdad; a veces, si tuviste una pelea con el novio, si tu jefe te regañó, si pasaste una semana miserable en el trabajo, te dan ganas de darte un gusto o de ser autoindulgente. ¿Mi recomendación? Ve a un restaurante que te guste en compañía de tus amigos y pasa una tarde deliciosa. Ésta es una gran manera de apapacharte, sin necesidad de hacer algo que no te traerá nada bueno. Comer es algo que tienes que hacer, y comprar no. Salir de compras sin tener algo específico que comprar —"voy a ver que veo"— sólo te hará gastar tu dinero de manera inútil, créeme. Por ende, si no tienes nada que comprar, evita ir de shopping.

f) *¿A crédito o de contado?* Ésta es la eterna disyuntiva de los latinoamericanos, que hemos heredado nuestra forma de comprar de los estadunidenses. Como ellos, solemos vivir a crédito. Y la verdad es que las estrategias de mercadotecnia nos ayudan poco: mensualidades sin intereses, paga tus compras a 24 meses... tú nómbralo. Durante el tiempo que viví en México yo también caí redondo ante este canto de sirenas que sólo me llevó a endeudarme y a gastar dinero que no tenía, en cosas que no debí haber comprado. ¿Cuántos de ustedes se han sentido así? Al irme a vivir a España, cambié mi mentalidad de gasto: compraba sólo con mi tarjeta de débito y puse un límite moderado a mi tarjeta de crédito, para, en caso de endeudarme, tener la posibilidad de liquidar lo que compraba mes a mes. Con esta manera de planear mis gastos, me di cuenta de lo mucho que te consumen los intereses bancarios y de cómo, al final del día, aunque te digan que no hay intereses, por una razón u otra siempre terminas pagando más de lo que gastaste. Si revisas bien tus estados de cuenta, te darás cuenta de ello.

La tarjeta de crédito debe ser una ayuda para equilibrar tus gastos, no algo que desequilibre tu presupuesto. A veces terminas pagando hasta un 50 por ciento más de lo que te costaron las cosas sólo por comprarlas a crédito. ¿Mi consejo? Si vas a hacer una compra con tu tarjeta, haz tú mismo el plan de compra, no dejes que la institución bancaria lo haga por ti. Entre más tardes en saldar tu cuenta, más estarás pagando, y ya no hablemos si te retrasas y tienes que pagar recargos. Eso es una pesadilla. Pero si a pesar de todo estás dispuesto a pasar dos años pagando una bolsa de firma y a cargar con los intereses, te invito a sentarte y hacer cuentas de lo que te podrías comprar con esos intereses que te cobra el banco. Te vas a sorprender. Lo ideal es que seas tú quien divida el costo de esa compra, digamos, en dos o tres pagos idealmente, para que los intereses no te devoren. Ten cautela. Una tarjeta de crédito es un arma de dos filos; aprende a utilizarla con astucia y será una gran aliada.

En fin, ya te das cuenta de que planear no necesariamente tiene que matar el placer de las compras, y aunque en un principio puede ser un engorro, cuando te acostumbras se vuelve un proceso natural que te ayudará, sin duda, a volverte un comprador más inteligente.

Comprar para tu ocasión especial

Antes te hablé del acto de comprar para una ocasión especial en tu vida. No obstante, cuando eres tú quien protagoniza esta ocasión única, entonces estamos hablando de otro tema. Y de otro presupuesto, válgame.

El festejo puede ser cualquiera: tu boda, tus quince años, tu cumpleaños, tu graduación, una promoción u homenaje en el trabajo, un aniversario importante de bodas —todos son importantes, pero usualmente festejamos más los múltiplos de cinco años—, tu pedida de mano o que tú pidas la mano de alguien, el bautizo de tus hijos... y alguna más que se me pueda escapar. En estos acontecimientos no eres un invitado más, sino el protagonista. Por ende, la planeación de lo que usarás y cómo comprarlo es fundamental.

Mejor antes que después

Mientras que las mujeres suelen ser más previsoras en este aspecto, los hombres somos más partidarios de dejarlo todo para el último momento, o bien, dejar que alguien más —léase tu mujer, tu novia o tu madre—decida por ti para quitarte ese problema de la cabeza... y entonces acabas luciendo como si llevaras un disfraz. Y es tu culpa por haber delegado en alguien más una responsabilidad que desde el principio fue tuya. Pero como mi intención no es regañar a nadie, mejor les sugiero cuál es el método ideal para que el tiempo no se les eche encima y acaben usando cualquier cosa que se encuentren en un rack de rebajas.

La ecuación ideal es la siguiente: mientras más importante sea la ocasión que vas a celebrar, mayor deber ser el tiempo de su planeación. De esta manera habrá menos cosas que dejes al azar. Éstos son los tiempos que recomiendo para que todo te salga a pedir de boca:

Boda. Un año de planeación, como mínimo. Piensa que, en el caso de las mujeres, hay cientos de vestidos que ver, materiales, ajustes, pruebas, búsqueda de accesorios y complementos, maquillaje y pelo... y probablemente algo más que se me está olvidando. Todo esto tiene que hacerse con calma, porque aunque suene cursi, éste será el vestido más significativo que uses en tu vida. En el caso de los hombres, el tiempo de planeación puede ser menor, y más aún si se comprarán un traje ya hecho y sólo necesitarán ajustarlo. No obstante, si buscas también un traje a medida, debes tomarte el tiempo necesario para que sea de tu total agrado. Y créeme cuando afirmo que con prendas hechas a medida, los hombres solemos ser mucho más complicados que las mujeres. Te lo digo por experiencia.

Quince años. Un año de preparación. Aquí voy a ser completamente justo y claro en un punto: los festejos de quince años me gustan bastante poco. ¿La razón? Es una fiestorra en la que los padres gastan todos sus ahorros e incluso se endeudan durante años —hablaré de esto más adelante, en el tema de los budgets— por una sola noche de pachanga donde casi siempre algo saldrá mal y, además, quien menos disfruta de ello suele ser la quinceañera. Un viajecito, un coche o la matrícula para una buena universidad le resultarían de más utilidad a la chica. Pero en fin. Sólo expongo mi punto de vista, y respeto a quien lo festeja porque es una tradición muy arraigada en México y América Latina, y muchas veces tanto las chicas como los padres desean de todo corazón tener su fiesta. De modo que adelante. Casi como en la boda, la selección del vestido es complicada, pero hoy día existe una cantidad enorme de vestidos confeccionados que se ajustan, se adaptan y ya está. Sólo hay que tomar en cuenta que para unos quince años, la madre, el padre y toda la corte de la festejada —incluidos los chambelanes— tienen que hacerse ropa especial también, o sea que hay que calcular bien los tiempos.

Graduaciones. Mínimo seis meses de planeación. Aunque es un acontecimiento menos complicado que una boda, cuando nos graduamos queremos lucir perfectos y no avergonzarnos al ver las fotos diez años más tarde. Generalmente las chicas se mandan hacer el vestido —especialmente si el grupo ha elegido un tema o un color—, aunque cada vez es más rentable y práctico comprarlo hecho y ajustarlo. Los chicos van con el traje directo de tienda y ya está, a menos que, como las chicas, también hayan acordado un tema o color y entonces necesiten hacerlo a medida.

Bautizos. De dos a tres meses. Ya no se usa que la madre y los padrinos se hagan o busquen ropa demasiado especial para este acontecimiento. Es cursi. Antes las madres y madrinas solían vestirse igual y hasta hacían que el ropón del pobre niño hiciera juego con lo que ellas llevaban. Hoy, por fortuna, la gente no suele hacerlo; pero bueno, si a alguien se le antoja porque le parece divertido, entonces háganlo; pero tomen en cuenta el tiempo de planeación —y un *budget* extra. Lo correcto para las mujeres es vestir con un traje de dos piezas o un vestido corto, usualmente en tonos claros; para los señores, con un traje y corbata en tonos grises o azules. Si deciden hacer algo playero o en un escenario campirano, sólo se cambia el estilo por algo más adecuado al sitio —lo mismo en la paleta de color— y ya está. ¿Hacerse algo a la medida? No lo creo necesario, en verdad.

Pedidas de mano, promociones laborales, cumpleaños y otros festejos semejantes. Con un par de meses es suficiente. Realmente, en estos casos depende mucho de que la persona quiera "estrenar" para la ocasión, porque habrá quien no lo considere necesario y eche mano de algo que ya tenga en su armario. ¿Qué pienso yo? Que ambas opciones son válidas, pero personalmente prefiero estrenar, para que la prenda que usé me evoque en el futuro aquel momento memorable.

Budgets

Aquí se nos abre un mundo donde las posibilidades son infinitas. Todo mundo festeja las ocasiones especiales de acuerdo a sus recursos, y justo en esto me gustaría hacer hincapié. Hay que festejar sin culpa, y esto sólo se logra siendo muy claros en lo que podemos gastar, sin arruinarnos o endeudarnos de por vida. Recuerda: el festejo es tuyo, y ni la sociedad, la familia, los amigos ni nadie te puede obligar a hacer algo que no quieras, o que probablemente quieras, pero no puedes permitirte. Éstas son las reglas de oro que debes tener en cuenta al planear tu presupuesto para un festejo:

¿Lo tienes o no lo tienes? ¿Lo quieres gastar o no? En mi familia —como seguramente en las suyas— hemos tenido todos los escenarios posibles. Primero, el pariente que tuvo un bodorrio de dos días por todo lo alto, se endeudó hasta las narices y se divorció un año más tarde. La deuda, más fiel que su

mujer, aún está pegada a él y lo seguirá estando por varios años más, seguramente. Está el otro pariente que se armó la boda comprometiendo a toda
la familia y nombrando "padrinos" para todo: desde el salón, el banquete y la
bebida hasta parte del mobiliario de su nueva casa. Muchos lo mandaron de-
rechito a donde hay que mandar a esta gente, pero otros tantos cayeron. Y
así, este hombre se ahorró como mínimo la mitad del costo de su pachanga:
con patrocinadores forzados. Pero también tengo un amigo que, como Carrie
Bradshaw, se casó en el registro civil y luego se fue con todos los invitados a
desayunar al Café Tacuba y se lo pasaron de maravilla. Él prefirió utilizar sus
ahorros para dar el enganche de un departamento, en lugar de hacer un gran
festejo, cosa que me parece excelente. Todo se vale. ¿Lo tienes y lo quieres
gastar? Adelante. ¿Lo tienes, pero no quieres gastarlo? Bravo. ¿No lo tienes?
Sé cauto entonces. Lo que no es inteligente es gastar en algo que esté fuera
de nuestras posibilidades y endeudarnos sin razón, porque pasar años de sufrimiento por un día de fiesta, de verdad que no vale la pena.

En el plan está la clave. Como te expliqué antes, organiza un presupuesto
para tu festejo. Y ojo, yo sólo te hablo de la parte de vestir, el resto es
otra "jurisdicción", pero también tiene que ser planeado. Las bodas y quince años son quizá las que necesitan más estrategia. Para una boda has de
echar mano de lo que tienes ahorrado y quieras gastar; luego suma la cantidad extra que puedas reunir tomando una parte de tu sueldo mensual hasta
el día de la boda. Ese gran total es tu presupuesto perfecto. ¿Que necesitas
un poco más? No está mal pedir prestado o buscar una financiación, sólo
pon en tu mente lo que ya te dije antes: sé tú quien decida cómo pagarlo y
no dejes que nadie más lo haga por ti. Ponte un plazo realista para finiquitar
la deuda y sal de ella lo antes posible: no la arrastres.

Con los quince años debiera aplicarse la misma fórmula. Ver los ahorros
con los que cuenta la familia, ver cuánto más puede sumarse en los meses previos al festejo, y hasta ahí. Cuidado con endeudarse hasta la camisa
y luego vivir sufriendo a causa de los acreedores: créanme, eso no es vida.

Con el resto de los festejos la fórmula es más fácil, porque los gastos suelen ser menores y más fáciles de controlar, así que sigue los mismos pasos y no te endeudes con un vestido, traje o bolsa que desde tu armario se reirá de ti hasta el cansancio.

Cerraré este apartado con una pequeña digresión. Tengo una amiga que dice detestar a las asiáticas por pura envidia: "¡Es que se lo compran todo!". Debo admitir que hay una parte de verdad en esta aseveración. En los últimos años la explosión económica en Asia ha creado este personaje peculiar y hasta caricaturesco que es la *asiática-cómpralo-todo*. Y a decir verdad, dentro de mí había también un poco de aquella envidia cuando las veía comprar bolsas en Chanel como si fueran naranjas en el mercado. Pero en un momento de reflexión, cuando trataba de deshacerme de mi parte shopaholic, peligrosa, me di cuenta de que realmente no necesito cientos de cosas; unas cuantas sí, porque la moda me vuelve loco. Pero cuando ahorro meses para comprarme unos zapatos de Louboutin o una mochila de Loewe, ¡los disfruto tanto! Porque ya es una compra en la que intervienen las tres "c" del buen shopping: *corazón*, *cabeza y cartera*. Y cuando te encomiendas a esta trinidad, nada puede ir mal.

Aplica esta misma filosofía cuando compres para tus ocasiones especiales. Disfrútalo ahora y saboréalo en el futuro. No lo sufras hoy y mañana. No dejes que la sociedad, la familia o quien sea te digan cómo debes casarte, si debes celebrar tus quince años, o si debes usar Dior para festejar tu promoción laboral. ¡Rebélate! Hoy, más que nunca, los atavismos sociales se han ido disolviendo y las reglas para vestir en los festejos se han relajado y diversificado. Cásate con un vestido de Zara o de Valentino, haz tu fiesta en una cantina o en el Palacio de Bellas Artes. Vístete con un traje vintage de tu padre para tu nuevo nombramiento laboral. Mientras esté dentro de tu presupuesto, te sientas a gusto y no tengas que huir al extranjero para evitar ir a la cárcel por tus deudas, todo estará de maravilla.

7. ¿El que busca encuentra? Dónde y cómo encontrar lo que quieres

"No me busques porque me encuentras", solía advertirme mi madre cuando mi comportamiento la llevaba al estado límite de su paciencia. Recordando esta frase, reflexiono en que la vida es una búsqueda perpetua de algo. Cuando somos pequeños anhelamos ser mayores, y cuando somos muy mayores quisiéramos volver a ser pequeños. Buscamos buenas universidades, buenos empleos, buenas parejas, por supuesto. Buscamos un buen doctor, un buen abogado. Buscamos siempre la felicidad, y una pequeña parte de ella se encuentra en un buen shopping; quien lo niegue, que tire la primera piedra.

Una parte importante del shopping especializado, por llamarlo de alguna manera, es encontrar no sólo las firmas que te resulten más atractivas, sino los puntos de venta donde está justo eso que quieres... o donde encontrarás algo que no necesariamente estás buscando, pero que puede fascinarte por igual. Por ejemplo, quienes me conocen saben de mi perpetuo romance con Chanel. En la medida de mis posibilidades, y haciendo algunos malabares con mi economía, trato de comprarme cada temporada uno o dos artículos, si me ha ido bien en el trabajo. De modo que, ya desde el desfile, le voy echando el ojo a algunas cosas. Luego veo fotos para obtener información extra sobre su tamaño, funcionalidad, textura o color. Mi tercer paso es esperar a que la colección llegue a la boutique —lo más desesperante del proceso, cabe decir—, y una vez que se encuentra disponible la pieza que quiero voy a verla, decido si me gusta y, si está dentro de mis posibilidades, me la llevo. Ahora bien: estoy describiendo la situación idílica que no siempre se corresponde con la realidad, porque todo depende de la boutique. Ciertas piezas no se venderán ahí por no encajar del todo en el perfil de su clientela habitual. Por ejemplo, los broches de grandes dimensiones, como los que yo idolatro, no siempre son fáciles de hallar en Asia, ya que las mujeres, al ser de talla tan *petite*, suelen usar piezas de un tamaño más moderado que no las hagan lucir desproporcionadas. Entonces, si no encuentro ahí lo que estoy buscando, comienza mi peregrinar por las boutiques del mundo a las que tengo acceso: Tokio, Barcelona, París, México o Melbourne. ¿Y por qué ahí?, se preguntarán. Simple: son ciudades cuya selección de piezas está muy relacionada con el estilo de cosas que me gustan. Además, son sitios donde tengo amigos que pueden comprarme las cosas y enviármelas a casa. De modo que si en un lugar no tienen lo que quiero, busco en otro y otro hasta que, con un poco de suerte, logro encontrarlo. Pero esto me llevó mucho tiempo de investigación, de hacer contactos en las tiendas para tener buenos vendedores que me atiendan a distancia y, cosa fundamental, caerles bien: está en ellos la decisión de venderte o no una pieza que puede estar agotada en el mundo y que preferirían vender a una clienta que gasta millones con ellos, a diferencia de mí, que en proporción gasto centavos. De aquí la importancia de ser un buen cliente, fiel —el hecho de que busques a otro vendedor de la misma tienda es lo que más detestan— y sobre todo amable y educado: un vendedor suele tener más deferencias con alguien que los trata respetuosamente que con una *rich bitch* que los mira como si fueran parte de su servicio doméstico.

¿Globalización? Sí, *ma non troppo...*

He usado y usaré esta palabrita durante todo el libro, porque es un elemento fundamental del fenómeno actual del shopping como lo conocemos. La globalización no sólo nos ha permitido tener un mundo súper comunicado e informado, sino que también democratizó nuestras opciones adquisitivas. Más rápido que lento, las mayores firmas de automovilismo, tecnología, alimentación, cosmética, farmacéutica y moda han llegado a todos los confines de la tierra, permitiendo que un individuo de la ciudad de Ho Chi Minh, por decir algo, tenga el mismo teléfono celular y los mismos jeans que una persona de Guadalajara. Lo que no encuentre físicamente en su ciudad, lo puede comprar en línea. Ya no hay límites. Para adquirir un objeto específico ya no hay obstáculos: si lo deseas, puedes tenerlo. Es un poco la filosofía de vida milenial aplicada al shopping.

Pero esto, en lo que se refiere a la moda, ha tenido consecuencias estilísticas, porque al tener acceso a las mismas cosas, la gente comenzó a uniformarse. Como respuesta a esto, se crearon los guetos: tribus urbanas que si bien nacieron para diferenciarse de otros grupos de su sociedad, terminaron replicándose, casi de manera idéntica, en otras ciudades y países del mundo. Los microcosmos de estilo se multiplicaron, y a pesar de tener identidad como grupo, al seguir las reglas marcadas por su propio sistema, los guetos volvieron a uniformarse. Un lío, pues.

Por ende, hoy la globalización ha dejado de ser un fenómeno que consideremos cool. Ya no queremos tener lo mismo que la persona de al lado. No por discriminación, sino por una mera cuestión de búsqueda de identidad. Tuve la oportunidad de ver en el Museo Victoria & Albert en Londres una exposición llamada *Say You Want a Revolution?* (*¿Dijiste que querías una revolución?*), donde se mostraba de forma impecable cómo, en los años sesenta, los jóvenes alzaron sus voces para pedir libertad y reclamar sus derechos individuales. Se mostraban imágenes de las marchas en pro de la paz y contra los gobiernos destructivos, además de sus modas caóticas, coloridas y libres. Había un espacio dedicado a Twiggy, la modelo que representa la ruptura de esquemas en el mundo de la moda, y por supuesto, una sección con todo lo relativo a la música: los Beatles, los Rolling Stones, Jimi Hendrix y los inolvidables festivales como el de Woodstock, donde los jóvenes no sólo se reunían a escuchar a sus bandas, sino a manifestarse a favor de sus creencias. Me encantó ver expuesta una interesante colección de ropa unisex cuya finalidad entonces no era otra que pelear por la igualdad de sexos. Estaban las prendas llenas de grafitis, la sicodelia, las chamarras y jeans de mezclilla desgastada con estoperoles, broches y botones. Ahora dime: ¿a qué te remite todo esto? Sí, lo has descubierto: el momento que estamos viviendo ahora es un reflejo casi calcado de esa época. Mujeres que, una vez más, pelean por sus derechos, marchas en contra de gobiernos ineficaces, un caos tal en las tendencias de vestir, que hoy día ir a la moda tiene mucho más que ver con una actitud que con llevar puestas determinadas prendas. Los jóvenes —cronológicos y mentales— están en la búsqueda de su identidad. Al sentir que el mundo se les ha hecho pequeño con tanta información, buscan algo que sea sólo suyo, que de alguna manera muestre su posición ante la vida. Lo digo de nuevo: la globalización ya no es cool. Ahora la *personalización* es lo cool.

La personalización ha nacido por esta necesidad de los individuos de tener algo único, que sólo sea suyo y los diferencie del resto. Ha comenzado con cosas muy sencillas como el "hágalo usted mismo", que consiste, pura y llanamente, en cortar, alterar, grafitear, bordar u ornamentar prendas para hacerlas diferentes. Esta fórmula se hizo tan popular que fue escalando niveles y, por ejemplo, muchas tiendas departamentales comenzaron a ofrecer el servicio de *customización* de prendas, para el que se contrató desde grafiteros hasta artistas plásticos de renombre para que intervinieran, pintaran y decoraran cualquier prenda, desde un par de tenis Adidas hasta una bolsa Birkin de Hermès... por una módica suma, claro está. El siguiente estadio lo propusieron algunas marcas de lujo que ofrecen el servicio de personalización de una prenda: es un "diséñalo tú, y nosotros lo hacemos". Así, con un pequeño programa de computadora o simplemente con muestras de telas y materiales, firmas que van desde Nike hasta Prada ofrecen la posibilidad de crear, por ejemplo, tu propio calzado. Tú decides el color de la piel, los detalles, los pespuntes, la suela y hasta el forro. Además de ofrecerte un objeto único, te da el valor extra de sentir que fuiste tú el propio diseñador de tus Prada. ¿Acaso se puede ser más cool?

No obstante, aquí no se detiene la cosa, porque la personalización ha llegado incluso a ciudades o países. Y las firmas de moda han tenido que seguir el juego. A pesar de que todas las boutiques de una marca tienen que respetar una serie de códigos arquitectónicos y decorativos que las hace reconocibles, en cada país se reinterpretan de manera distinta, de acuerdo con factores como la geografía, el turismo, el poder adquisitivo y la cultura local. Las tiendas insignia, mejor conocidas como *flagship stores*, tienen que ser mucho más que un comercio: se convierten en un monumento de experiencia multisensorial que no sólo satisfará al público local, sino que llegan incluso a convertirse en atractivo turístico para los extranjeros. Entre los pioneros de este concepto está Miuccia Prada, quien construyó a finales de los años noventa una boutique en el corazón del SoHo neoyorquino que, más que boutique, parecía una extravagante galería de arte. De dimensiones nunca vistas hasta entonces en una boutique unimarca, —abarcaba una nave entera de un edificio que iba de una calle a otra—, la tienda cuenta con varios niveles y una muy singular forma de mostrar la mercancía: exponiéndola como obras en una galería de arte. Esta boutique se convirtió en la meca para los compradores fashion, no sólo porque tenían absolutamente toda la colección de la temporada, sino porque ahí podían conseguir ediciones especiales de prendas creadas sólo para esa boutique que no podían adquirirse en ninguna otra parte. Así dio inicio la frenética competencia entre firmas de moda para tener la tienda más vistosa y única del momento. Recordemos todas las que comenzaron a abrirse en el barrio de Ginza, en Tokio, que son edificios enteros dedicados a una sola marca; o las de Nueva York, Los Ángeles, ¡y las de tantos lugares de Asia! La boutique de Montblanc en Pekín cuenta con cuatro pisos: tres para toda la mercancía de la marca y uno más para exposiciones de arte y eventos. La tienda gigantesca de Louis Vuitton en Singapur es una verdadera oda a la arquitectura que flota en el agua de la bahía. En Europa, dados los espacios reducidos, se suele jugar más con la idea de seducir al comprador, al manejarse como la quintaesencia del lujo, el servicio y la clase que suplen, de alguna manera, toda la pirotecnia arquitectónica creada en otros países para que sus habitantes se sientan orgullosos de tener *su propia boutique*. Esta filosofía se entiende a la perfección con una frase en inglés que me encanta: *"We are all equal, but definitely not the same"* (Somos todos iguales, pero definitivamente no somos lo mismo).

Dónde buscar: la mirada general

Con todo lo que te he explicado, te darás cuenta de que ir a comprar moda no es tan sencillo como salir por un helado al carrito del parque, donde seguramente sólo tendrán tres o cuatro sabores que te atraigan como mucho. La oferta se ha vuelto tan grande, que los sabores de helados se pueden contar por cientos. Pero resulta ser que a ti te gusta el de chocolate con trozos de galleta, nueces y caramelo. Un sabor tan específico, que quizá no lo encuentres en cualquier supermercado; pero si tú eres un consumidor regular, sabrás dónde buscarlo. Lo mismo pasa con la moda.

Para saber dónde buscar, debes tener tres cosas en mente:

• *Tu necesidad*. Ésta determina adónde debes ir. Quizá te parezca obvio: si necesito zapatos, voy a la zapatería. Hasta aquí esa lógica es acertada. No obstante, te sorprendería enormemente saber cuántas veces he llegado a una tienda departamental a buscar algo que el sentido común me ha dicho que hallaría ahí, y no ha sido así. ¿Un ejemplo? Ropa interior térmica, que no se vende en todas partes.

- *Tu presupuesto.* Esto determinará a qué marcas de moda puedes acercarte. Si eres el director de un banco podrás ir a YSL a comprar zapatos. Si eres un ejecutivo del mismo banco, seguramente deberías ir a Michel Domit o a alguna marca con precios más accesibles a tu bolsillo.
- *Tu estilo y personalidad.* Según mi punto de vista, esto es lo más determinante. Si conoces bien tus características corporales, vistes acertadamente en tu vida profesional y personal, y tienes claro el mensaje que quieres mandar al mundo con lo que llevas puesto —y si no lo sabes te recomiendo leer *El libro del estilo*, donde explico esto a profundidad—, entonces la selección de lugares donde podrás comprar se volverá casi automática.

Cómo buscar: la mirada particular

Ésta es la parte más excitante del proceso, porque es donde vamos a lo verdaderamente específico: al helado de chocolate con trozos de galleta, nueces y caramelo. No es sólo de chocolate, o chocolate con nueces. No. Es un producto perfectamente delimitado que no sólo ya has probado, sino que te has hecho adicto a él. Es como mi historia con Chanel: soy capaz de buscar lo que quiero literalmente hasta el otro lado del mundo, porque sé que es exactamente lo que tengo en mente.

Saber buscar y, mejor aún, encontrar, es una habilidad con la que no nacemos, sino que la aprendemos y la vamos perfeccionando con el tiempo. ¿De qué requiere? Primero, de informarte. Si tienes ganas de una nueva bolsa o unos zapatos, ve lo que el mundo te ofrece, acude a las revistas y a internet para encontrar lo que puede gustarte. Aunque debo decir que muchas veces sucede al revés: son la bolsa o los zapatos los que te encuentran a ti. Sucede que los viste casualmente en alguna parte y te enamoraste de ellos.

Luego de obtener la información, sigue la investigación de campo. Comienza a explorar marcas y tiendas para encontrar eso que te ha robado el sueño. Puede ser algo de una marca en especial o bien una prenda de ciertas características que puedes encontrar en muchas firmas. ¿Un ejemplo? Puedes querer la famosa bolsa 2.55 de Chanel, el Rolls Royce de las bolsas, una inversión para toda la vida. No obstante, si tu presupuesto es más modesto, puedes acudir a muchas otras marcas más accesibles que se han inspirado en la idea de un bolso rectangular estructurado con una cadena: Sandro, Zadig & Voltaire, Karl Lagerfeld, Carolina Herrera o Purificación García, hasta llegar a marcas de *fast fashion* como Uterqüe. Alguna, con toda seguridad, podrá ofrecerte lo que estás buscando.

Pero gran parte de este trabajo ya lo están haciendo las marcas por ti, abriendo espacios de compra en los lugares y círculos donde sueles moverte, con el tipo de mercancía que sueles consumir. Sí, la industria de la moda te *stalkea*; pero no sólo para darte lo que quieres, sino para ir poniendo en tu camino cosas que sabe que te van a gustar. Ya te lo había dicho: el shopping de nuestro tiempo no sólo cubre necesidades, sino que crea otras nuevas también. Un ejemplo muy claro es el Meat Packing District en Nueva York, que tras haber sido un barrio de carniceros hasta los años ochenta, se convirtió en uno de los puntos más hip para vivir, comprar y comer en Manhattan. Alguien tuvo la idea de rescatar un ruinoso barrio y convertirlo en un lugar de moda. En este caso, fue la novedad lo que atrajo al consumidor. No obstante, también funciona en el otro sentido: si un grupo determinado de personas se mueve en cierta zona de la ciudad, las marcas cuyo producto encaja con su estilo de vida comienzan a abrir tiendas donde están ellos. Es como ocurrió en la Ciudad de México, donde la colonia Condesa era, hace diez años, la zona más cool de la ciudad; pero luego el título le fue arrebatado por la colonia Roma, donde ahora los bares, boutiques independientes y tiendas temáticas hacen las delicias de los milenials... y de los que no lo son tanto. Como verás, la moda y el marketing han creado el huevo y la gallina al mismo tiempo.

¿Y quién le puso el cascabel al gato?

Muy bien: ya sabes lo que te gusta y donde hallarlo, incluso aunque pueda esconderse un poco. La siguiente pregunta es: ¿quién pone eso que tú quieres comprar en el aparador? ¿Quién decide qué es lo que debe venderse en una tienda? Se trata del *buyer*, conocido en español como comprador. Relativamente joven, esta profesión nace a instancias del boom comercial de finales de los ochenta. Antaño, un director de departamento se encargaba de ordenar un número determinado de prendas que usualmente resurtía cuando el inventario se agotaba: así de simple. Por supuesto, entonces no existía la cantidad de marcas, prendas y temporadas de nuestro tiempo, que hacen de la labor del *buyer* una tarea complicada y desafiante.

También están muy de moda los llamados "curadores" de moda, que al igual que los que trabajan para museos o galerías de arte, eligen una serie de prendas para una boutique. Éstos funcionan de manera inversa al *buyer*, porque su elección está basada en su propio gusto, no en el del cliente. El curador, al ser una autoridad o ícono de moda, atrae al consumidor que se siente identificado con él. Se trata de la máxima forma de personalización: prendas escogidas por alguien con un estilo muy definido que llegan a un grupo muy reducido de personas.

Al final, yo me quedo con los *buyers*, porque me parece que su servicio al consumidor es más profundo, más profesional. De modo que para este capítulo, decidí acudir a tres expertos de diferentes tiendas, dirigidas a públicos muy diversos, para que nos explicaran cómo aparecen en tu camino las cosas que deseas.

Tres *buyers* y su trabajo

Departamental de lujo, México

Rafael Ortega, *advanced designer buyer*,
Saks Fifth Avenue México

Como buyer de moda para una de las tiendas departamentales de mayor lujo en América, ¿podrías decirme, según tu punto de vista, cómo compra lujo el mexicano?

El consumidor de lujo en México solía comprar en el extranjero. Aunque no lo ha dejado de hacer, hoy lo hace con menos frecuencia. Entonces le daba estatus decir que compraba fuera de México. Pero últimamente se ha dado cuenta de que puede adquirir *high fashion* en nuestro país, cosa que antes era más difícil. A la mexicana le gusta mucho la ropa de firma, las prendas más lujosas y hasta ostentosas, podría decir. Le gusta el color y vestir con un toque sexy. Cuando estoy haciendo la compra de las prendas que venderemos, tengo en mente a esta mujer... u hombre, porque también compro las colecciones masculinas. A mis clientes les gusta cuidar su cuerpo y trabajan muy duro para tener una buena figura, y al estar orgullosos de ella, les gusta mostrarla, pero con elegancia. Hace años se decía que el mexicano con poder adquisitivo se vestía de manera vulgar, pero creo que eso no es verdad. Si lo fue, esto ha cambiado.

¿Es posible comprar lujo de manera inteligente?
Sí, pero depende de cada consumidor. Existen diferentes clientes para
el lujo: hay quienes sólo buscan comprar en rebajas, pero no porque
les falte dinero, sino más bien porque les gusta cuidarlo. Está el cliente
que compra de forma más conservadora para tener prendas que duren
más tiempo, y luego está el cliente *fashion* que compra aquí y ahora las
prendas que están de moda, sin importar cuánto tenga que pagar. Y muchas veces las usa sólo una vez: las muestra y no las vuelve a vestir;
ya han cumplido su función. Son tres formas de comprar de acuerdo a
gustos y presupuestos, y las tres son válidas. Y si funcionan bien en su
vida personal, ya son compras inteligentes.

¿Cómo consigues elegir certeramente las prendas para tus clientes?
Conociéndolos bien. Cuando empecé a trabajar para Saks recuerdo
que me preguntaban en los *showrooms* en Europa: "¿Quién es tu cliente?", y entonces no lo sabía. Hoy te puedo decir que ya sé para quién
estoy comprando. Pero el gusto del consumidor no es algo estático,
va cambiando al mismo tiempo que la industria de la moda. Te pongo
un ejemplo: todo mundo quería las camisetas de Givenchy que se pusieron muy de moda hace un par de años. Pero de pronto, a la terce-
ra temporada de comprarlas, la gente dejó de buscarlas. Sin más. Y es
muy difícil medir cuándo a tu cliente le va a dejar de gustar algo y querrá algo diferente. Cuando los *buyers* estamos comprando no sabemos
realmente lo que va a estar de moda seis meses más adelante, lo que
le gustará al consumidor. Entonces, tienes que confiar en tu intuición
y decidir si te arriesgas... o no.

*¿No te ayuda a decidir el ruido que se hace en redes sociales acerca de una
colección para saber qué puede ser un éxito y qué no?*
Sí puede ser de utilidad, pero la necesidad de un producto no nace
cuando la gente lo ve en una pasarela. Eso es un mito. Una tendencia

se va creando en esos seis meses que van del desfile hasta que la prenda llega a tu tienda. ¿Cómo se "crea" el éxito de una prenda o una tendencia? Con la difusión o la publicidad que se le haga. Por ejemplo, puedes ver un estampado en un desfile de Valentino que a primera vista no te guste. Pero de pronto, comienza a aparecer en editoriales, en la campaña de publicidad, y resulta que Nicole Kidman se puso un vestido de esta colección para una alfombra roja... y entonces sucede: el público comienza a desear esa pieza. Te puedo decir que a veces el gusto nace de la sobrexposición de una prenda. La convierte en objeto del deseo.

¿Y llega a pasar lo contrario? Es decir, que un cliente vea tanto una prenda que cuando ésta llega a la tienda ya le parezca vieja y no la quiera...
Sí pasa también. Por eso, muchas marcas están creando ahora las colecciones denominadas *See now, buy now*, que se pueden comprar inmediatamente después de su desfile. Esto está recibiendo buena respuesta, y tiene la gran ventaja de que las cadenas de *fast fashion* no las pueden imitar. Pero no sé realmente qué futuro pueda tener esto. Para el consumidor está muy bien, pero mi pregunta es: ¿ahora qué harán los medios de comunicación? ¿Dónde están los seis meses de preparación que requiere una colección? Pero en este negocio hay que permanecer siempre joven de mente, o te quedas fuera de la jugada. Una persona muy importante me dijo hace poco algo que se me quedó muy grabado: "No vuelvas anticuada tu manera de comprar". Cuando estoy comprando hay cosas que no me gustan, que no entiendo. Pero tengo que abrir mis sentidos y reconocer que si alguien como Elie Saab o Sarah Burton, la diseñadora de Alexander McQueen, están creando algo, hay una razón detrás de ello, así que tengo que ejercitar mi modestia y mi visión. Un *buyer* es como un beisbolista: debes aceptar que no vas a poder pegarle a todas tus bolas.

El trabajo de un buyer *es bueno cuando...*
Se vende bien lo que eliges. Lo importante es que de tu compra global, vendas un cierto número de piezas que te ayuden a dilucidar hacia dónde deben dirigirse tus siguientes elecciones. La fórmula es muy sencilla: si de diez prendas que compras seis se venden a precio lleno, tres llegan a rebajas y una se queda como saldo, significa que tu compra fue exitosa. Es el balance ideal del buen comprador, porque si lo vendes todo significa que no tuviste visión y no compraste suficiente, y si no vendes nada, igual. Son malos ambos extremos. También debes tener una perspectiva general: si de ocho colecciones que tienes en tu piso una no funciona pero las otras siete sí, entonces significa que el negocio está yendo bien.

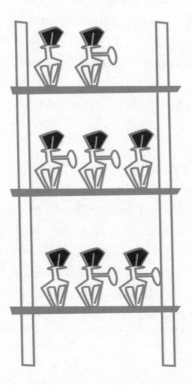

¿El consumidor de lujo lo es también de tendencia?

Hay de todo. Para mucha gente tener lo último de la moda es parte de una forma de expresión. Hay quien lo hace por estatus, pero también existen consumidores verdaderamente apasionados de la moda. Muchos de mis clientes me mandan fotos de lo que me han comprado y cómo lo usan. El consumidor de hoy está más informado que antes; yo tengo clientas que ven los desfiles y me mandan una lista de lo que quieren comprarme. Esto es una maravilla, porque sabes que se trata de una venta segura. Pero también hay clientes a los que les asusta comprar a ciegas, porque no están seguros de que la prenda vaya a quedarles bien o no. En estos casos, yo como *buyer* puedo ayudarles a decidir, porque los conozco y sé cuándo algo les quedará bien… o no.

¿Hay muchos clientes para el mercado de lujo hoy día?

Para los accesorios, bolsas y zapatos, sí, pero para el *ready to wear* la clientela es muy poca. Pero esos pocos saben lo que quieren y el precio no suele ser un problema para ellos. Ahora, ¿qué hace que compren aquí y no en otro lado? Que sienten que les damos un trato más personalizado. Así se maneja la venta de lujo en México y América Latina.

¿Que motiva a una persona a entrar a Saks?

El prestigio, el saber qué va a encontrar aquí. Ésta es la parte más fascinante del *merchandising*. A mí me fascina que en Nueva York, en un radio de dos manzanas, puedan coexistir diez tiendas que vendan la misma marca, pero cada una tiene una selección muy particular, que atraerá a diferentes tipos de consumidor. Las grandes marcas se han convertido en universos donde hay una variedad de productos tal, que pueden satisfacer a muchos gustos diferentes.

¿Se vale seguir tus corazonadas o gusto personal a la hora de comprar?
Por supuesto. Si una colección te vibra y te mueve, muy probablemente también les suceda a tus clientes, porque en el fondo, he aprendido a reconocer lo que les mueve a ellos.

Departamental de lujo, Francia

ELISABETH MIQUEL, accessories general merchandising manager, Printemps

Los accesorios son una forma fantástica de lucir a la moda sin tener que invertir grandes cantidades de dinero. ¿Se deben escoger los accesorios porque estén a la moda o porque te queden bien?
Debería ser una combinación de ambas cosas. Una persona puede sentirse estupenda con una pieza en tendencia, pero nunca hay que comprarla sólo porque está de moda. Debes reconocer tus características físicas para saber lo que te favorece y lo que no. Me parece que los accesorios son una muy buena forma de agregar a tu silueta un *twist* interesante, pero siempre debes buscar una conexión entre ellos y tu estilo.

¿Cómo defines al consumidor de Printemps?
Creo que antes que nada es elegante. Viene a la tienda buscando moda y lujo, pero también modernidad. El cliente que compra con nosotros es un urbanita perfectamente conectado con el mundo.

¿Cómo se reconocen las tendencias en accesorios? ¿Funciona igual que con las prendas de vestir?

Los desfiles de moda, a la par que los looks urbanos, el *street wear* y las redes sociales, son todos muy importantes para detectar tendencias. Estas nuevas herramientas de comunicación hacen que una tendencia se vuelva visible con una gran rapidez. Los que estamos en este negocio tenemos que estar permanentemente comunicados con lo que pasa en el mundo para detectar tendencias. Tenemos que ser siempre muy curiosos; claro que nuestro departamento de estilo es de gran ayuda también para estos fines.

¿Cuál es la forma de elegir las piezas correctas para cada una de tus tiendas?

Antes de las sesiones de *buying*, tenemos un proceso de análisis de tendencias; tomando en cuenta nuestras ventas pasadas, como definimos una estrategia futura de compra para cada una de nuestras tiendas. Esto es más o menos lo que nos da un margen para elegir dos terceras partes de lo que tendremos en la boutique. Pero el tercio restante nace de tener un buen sentido del producto para elegir las piezas que acaben seduciendo a nuestro cliente.

¿Es válido ser aventurero e incluso atrevido en tu selección de piezas?

Por supuesto. De hecho siempre tenemos que ser atrevidos y tratar de tener el sexto sentido de elegir accesorios con los que nos anticipemos a los deseos de nuestro consumidor. No puedo decir que hagamos una labor científica, pero lo que sí es verdad es que cada vez tenemos más y más información sobre el comportamiento de nuestros clientes, lo que de alguna manera nos ayuda a caminar un poco en terreno seguro. Sin embargo, la creatividad y el riesgo siguen siendo una parte fundamental del negocio, y debo decir que la más excitante también.

¿En qué accesorios debería invertir más una persona?
Yo diría que en bolsos y joyería para las mujeres y zapatos para los hombres. Son el tipo de prendas con las que de forma simple y sencilla puedes actualizar tu guardarropa cada temporada. Además, si son de buena calidad, serán seguramente una inversión que durará mucho tiempo.

Cuando se trata de accesorios de última moda, algo que podríamos considerar como una tendencia pasajera, ¿es práctico invertir en piezas muy caras, o se debería optar por otras de precio más moderado?
Ésta es una cuestión muy interesante: en cuanto a los precios, nos parece importante tener una variedad amplia de posibilidades, a pesar de que la mayoría de las piezas que ofrecemos sean de calidad prémium. Aun así, sigo pensando que las bolsas son una gran inversión, sin importar lo *trendy* que sean. Una bolsa de calidad, aunque sea muy representativa de una corriente específica de moda, siempre va lucir bien así pasen los años. Yo creo que nuestro cliente lo sabe, y por eso son piezas en las que siempre están dispuestos a invertir. No obstante, en el renglón de la joyería de moda, tenemos claro que se compra más por impulso, de modo que tener opciones más accesibles de precio es clave. Hay quien está dispuesto a gastar mucho dinero en una *statement piece*, pero no es una mayoría; por ello siempre tratamos de tener versiones más económicas dentro de la misma tendencia.

Hay quien dice que en moda no deberían aplicarse los términos bueno y malo, *ya que es un terreno demasiado subjetivo. Con todo y esto, ¿podrías decir si hay compras correctas o incorrectas en el rubro de los accesorios?*
Yo creo que para cualquier prenda, ya sea de vestir o un accesorio, la funcionalidad no debe dejarse de lado. Para mí una regla importante es que todo mundo tiene que ser capaz de caminar con los zapatos que se acaba de comprar, y su bolsa de día debe tener el tamaño suficiente

para llevar en ella por lo menos una tarjeta de crédito y un teléfono celular. Si esto no sucede, si las piezas que has comprado no son funcionales, entonces sí podríamos hablar de una compra incorrecta de accesorios.

¿Cuál es el secreto de una buena elección de accesorios?
Una buena elección de accesorios es una combinación de varios elementos: moda, elegancia, relación entre precio y calidad, y lo que ya mencioné: funcionalidad. Para poder ofrecer las piezas adecuadas debemos saber con mucha claridad quién es nuestro cliente. Queremos saber qué quiere, pero también es importante intuir qué es lo que deseará. No se puede ser un buen *buyer* sin pensar en tu comprador, sin ponerle rostro e imaginar su estilo. Jamás harás una buena elección de prendas si sólo estás pendiente de lo que tu cliente ya compró: tienes también que anticiparte a lo que comprará en el futuro.

Concept store, Francia

SARAH ANDELMAN, creative director, Colette

¿Qué es lo que ha hecho a Colette un ícono en las boutiques de moda alternativa?
Mi madre Colette y yo abrimos la boutique en marzo de 1997 con la idea de tener un lugar donde se pudiera encontrar moda, cosmética, diseño, arte, comida y muchos otros objetos inusuales. De inmediato tomamos la decisión de cambiar nuestros escaparates y *displays* semanalmente y además tener una exhibición de arte cada mes. Ésa era y sigue siendo

una idea de constante renovación, de movimiento. Queríamos mostrar lo que nos gusta y nos divierte, sin ninguna clase de limitaciones.

¿Cuál sería tu interpretación personal del concepto detrás de la boutique?
¡Divertirme! Y hacer que nuestros visitantes también se diviertan y encuentren piezas especiales que muy probablemente no hallarán en otro sitio.

Háblanos de tu proceso de curaduría y de tu visión...
La verdad es que no hay ningún proceso. Simplemente sigo mis instintos, mis enamoramientos de un producto o un artista. No tengo reglas. Aunque resulta difícil de creer, todo el proceso de selección de la mercancía de la boutique es absolutamente espontáneo.

Colette es una boutique que ya forma parte del colectivo popular francés. ¿La estética parisina tradicional tiene alguna influencia en el estilo o la selección de prendas que ofreces a tus clientes?
Cuando abrimos la boutique, en 1997, decidimos hacerlo en el corazón de París porque entonces era realmente necesario ofrecer algo nuevo. A nosotras siempre nos ha gustado jugar con la iconografía de París, pero al mismo tiempo hemos querido dar la sensación de un espacio muy internacional. Nos gusta promover lo que nos atrae, sin importar de dónde venga. Puede ser parisino, americano o chino, siempre y cuando refleje nuestro lenguaje, nuestra iconografía.

Como cabeza creativa de una concept store, *quizá la más famosa del mundo, debe ser una gran responsabilidad ofrecer siempre originalidad, lo mismo en prendas de alta moda que en* street wear. *¿De dónde viene tu inspiración?*
Quizá te va sonar trillado, pero es la verdad: de todos lados y de cualquier cosa. Soy curiosa por naturaleza y trato de mantener mi mente

abierta todo el tiempo: me gusta tener una visión de 360 grados, y lo mismo me parece fascinante algo que veo en un desfile o en un grafiti en la calle.

¿Cuáles son tus marcas favoritas en este momento?
Los zapatos de Fabrizio Viti, Victoria/Tomas, Esteban Cortázar, Simone Rocha, Off-White, Thom Browne...

¿Han influido de alguna manera las redes sociales en tu negocio?
¡Por supuesto! Nos han permitido volvernos más globales, lograr que gente de todo el mundo nos pueda seguir y ser parte de nuestra locura, de nuestra actividad tan fuera de lo común. Nuestros clientes saben que todos los días hay productos nuevos, y constantemente tenemos eventos, colaboraciones con artistas o diseñadores y colecciones hechas en exclusiva para nosotros por grandes casas de moda. Y la maravilla es que la gente no necesita estar físicamente en París para vivir la experiencia de Colette: nosotros somos los que llegamos hasta ellos.

¿Cómo ves la evolución del concepto de tu boutique en el futuro?
Aunque parezca un juego de palabras podría decirte que me gustaría seguir igual, pero diferente. Me gustaría que nunca dejara de ser excitante, que nunca dejara de ser divertida, seguir teniendo grandes marcas, diseñadores y artistas inusuales. Quizá la única variación que vería sería volvernos más digitales.

El gran hallazgo: herramientas para tu estilo

Creo que ahora ya tienes más clara la idea de hacia dónde dirigir tus pasos cuando estás buscando ese "algo" tan personal y que de alguna manera te define y te describe. Cuando tienes conquistado un estilo, hay una serie de características que te representan: el uso de una prenda determinada, un color, un accesorio. Cuando oías hablar de Imelda Marcos pensabas en zapatos. Si piensas en Lady Gaga, de inmediato te remite a exceso y extravagancia. Si alguien te menciona a Karl Lagerfeld, de inmediato vienen a tu mente las gafas oscuras, la cola de caballo, los guantes. Esto es estilo: cuando lo que usas se vuelve tu propia marca, una extensión de ti mismo; y hallar las prendas correctas equivale a decir una frase con las palabras adecuadas, con elocuencia. Saber buscar en las boutiques lo que te va —de corazón y cabeza— es algo que no vas a aprender aquí, lamento decírtelo. Quizás encontrarás pistas y algunas "señalizaciones" para saber hacia dónde debes dirigirte, pero el camino, los descubrimientos y las conquistas tienen que ser sólo tuyos. Eso es lo que los vuelve tan especiales.

8. El *cybershopping*

Cuando la vecina del tercer piso pasaba a dejar el catálogo de Avon a la casa, era día de fiesta para mi madre. Eran los años setenta y no había malls ni shopping. Ese entusiasmo que mi madre trasminaba por los poros al sentarse en el sofá y recorrer una a una las páginas del catálogo, anotando su nombre al lado de los productos que le gustaban, era algo muy atrayente para ella. Era el extático subidón de comprar por placer, no por necesidad. Mamá adquiría cosméticos y perfumes sin probarlos u olerlos: se guiaba por cómo se veían los tonos de maquillaje puestos en las modelos y los perfumes; los elegía por el empaque. Aún recuerdo erguido y orgulloso, en mi baño, algún frasco en forma de perro.

Claro, después de la orden venía la espera del pedido, y cuando llegaba era como navidad, porque a veces había algo también para nosotros. Con el tiempo, he llegado a la conclusión de que aquellas eran compras de buena fe. No se conocían las texturas de los lipsticks ni cómo luciría el color directamente en la boca. Los perfumes eran también una sorpresa, a menos que los usaras habitualmente.

Comprar, hasta hace muy pocos años, era un acto relativamente simple: voy, observo y si me gusta algo lo compro. Claro que dicho así suena muy sencillo, y en el hecho de comprar existe una serie de procesos que no lo son tanto: buscar, escoger, probarte, ser objetivo con lo que te pruebas, ver si está dentro de tu presupuesto... Todo esto usualmente ocurría dentro del mismo establecimiento. De modo que, cuando comenzaron a surgir las primeras tiendas online, todos —exceptuando a los milenials quizá— las vimos con mucha desconfianza.

A mí esto de entrar a una página web, escoger algo que no había visto físicamente ni me había probado y encima dar los datos de mi tarjeta de crédito me parecía meterme por gusto al callejón de las estafas. ¿Para qué comprar online si, como dijera Carrie Bradshaw, *shopping is my cardio*?

Pero no hay que olvidar quiénes son nuestros vecinos del norte, y ellos son los maestros del shopping online. Algo se nos tenía que ir pegando además de la obesidad. Comprar en Estados Unidos por vía telefónica o correo es algo que tiene muchas décadas. De adolescente me fascinaba comprar memorabilia de películas y de mis cantantes favoritas, y todo eso sólo se podía conseguir en Estados Unidos. Ya ducho desde entonces, compraba revistas norteamericanas, y cuando veía algo que me gustaba y que se vendía por correo, recortaba los cupones y los mandaba a alguna de mis tías que vivían en Los Ángeles, para que ellas a su vez los enviaran —con el respectivo cheque, claro está—, recibieran la mercancía y luego, monísimas, me lo mandaran por correo también. Esto tardaba meses, porque además de que nuestro correo nunca ha sido eficiente, el proceso era largo en sí mismo. Claro que cuando yo recibía la camiseta oficial de *Grease* o las fotos de mis estrellas de adolescencia autografiadas —cuyos nombres no revelo por pudor— la alegría infinita que experimentaba borraba de un guantazo los largos meses de espera. Había valido la pena.

México también ofreció, en su momento, la posibilidad de comprar por vía telefónica. En la radio algunas marcas vendían de esa manera sus productos, que se pagaban con giro postal, bancario o bien contra entrega, es decir: le pagabas al cartero cuando te llevaba el paquete. Más tarde, imitamos una fórmula de gran éxito en Estados Unidos: las compras por televisión. CVC era un canal de compras liderado por Talina Fernández en el que, al más puro estilo de nuestros vecinos, los conductores charlaban y amenizaban los segmentos donde se vendía un poco de todo. Si bien nunca conocí a nadie que hubiera comprado algo ahí, el canal debió de tener mucho éxito, porque duró una larga temporada. Hoy, la televisión del mundo entero está poblada de canales de compras que siguen funcionando bastante bien por una razón: los "infomerciales" —que son una mezcla entre comercial y cápsula informativa— tienen la extensión suficiente para hablar al espectador por largo rato de los beneficios del producto que le están vendiendo. En España, por ejemplo, puedes comprar desde réplicas de joyas usadas por reinas hasta peculiares aparatos para bajar de peso o ejercitarte. El público más importante para este tipo de canales son las amas de casa y las personas mayores, ya que son quienes pasan más tiempo al día, frente a la televisión. Además, la oferta de productos de estos canales consiste mayormente en enseres para el hogar o productos de uso personal, desde prendas utilitarias —como fajas— hasta productos cosméticos que, por lo general, no se comercializan por ninguna otra vía.

Pero el shopping online es el que verdaderamente ha revolucionado el mundo de las compras por muchas razones. Es cierto que para los amantes del shopping de hueso colorado no hay nada como entrar a una tienda, tocar las prendas, probártelas y, si te enamoraste de ellas, comprarlas ahí mismo. No obstante, el mundo de las compras online ofrece justamente lo que no encuentras en una tienda; en algunos casos, y mejor aún, con algún beneficio extra.

¿Por qué comprar en línea?

¿Y por qué no?, diría un amigo muy optimista que tengo. Y yo, que suelo ser más cauto, respondería: porque es una opción más. Y una *gran* opción. Habiendo sido un gran desconfiado, ahora soy un converso. Y no quiere decir que haya dejado de disfrutar de comprar en la calle: simplemente se me abrió una puerta más para el shopping, que me ha revelado un sinnúmero de ventajas. Si me preguntaras por qué comprar en una tienda virtual en lugar de una física, te contestaría simplemente que es una cuestión de gusto o necesidad. Así de simple. En mi caso es casi siempre lo segundo: *necesito* esa prenda y la *necesito* a un precio que me resulte atractivo. Como comprador frenético pero bien entrenado, cuando salgo a la calle y veo algo que me gusta usualmente me lo pruebo, lo "calo" —calidad, acabados, material— y al final, veo el precio. Aquí pueden pasar dos cosas: que la pieza en cuestión me arrebate y necesite llevármela conmigo en ese preciso instante, o bien que respire hondo, dé un paso atrás y pida al vendedor que me deje pensarlo. Si mi interés es muy fuerte, incluso puedo pedirle que me aparte la prenda uno o dos días para que mi alma tenga paz, sabiendo que el objeto de mi afecto estará esperándome si cambio de parecer.

El paso siguiente es correr a mi computadora y ponerme a buscar la prenda que quiero en todos los websites posibles. Primero veo si la encuentro, luego si hay disponibilidad de tallas, cuál es el precio de la prenda en las diferentes páginas, costos de envío, impuestos... y saco mis cuentas. Si después de todo esto me resulta conveniente comprar online, lo hago en un abrir y cerrar de ojos. Y claro, ésa no es la única razón que tengo para comprar en línea: lo hago también cuando en las tiendas no encuentro lo que estoy buscando. Piensa que lo que en tu ciudad o país puede ser súper deseado, en otras latitudes no lo es tanto. Ahí es donde está tu oportunidad de hallar lo que buscas.

Comprar cualquier cosa en una tienda intangible puede entrañar riesgos, pero también tiene ventajas y desventajas. Me gustaría ahora hablarte de ambas y mostrarte trucos para hacer de tu compra en línea tanto o más placentera que si estuvieras en el mall más *posh* del mundo.

Ventajas

Comprar en línea es ideal, principalmente, para gente que gusta de la moda, pero no necesariamente de las tiendas. Muchas personas —mayormente hombres— evitan el trance de entrar a una boutique y ahogarse ante tanta oferta, más aún cuando su necesidad suele ser específica, es decir: necesitan comprar un artículo de manera puntual y no quieren ni necesitan ver nada más. Para estas personas, el shopping online es ideal, porque no tienes más que acceder a la página, teclear lo que necesitas y... ¡presto! Ahí está frente a ti, listo para que lo compres. Otras personas que gustan de comprar en línea son aquellas que, literalmente, no tienen tiempo para ir de compras: ejecutivos, madres, personas que viajan constantemente...

Pero comprar en línea, como te dije más arriba, es también una gran oportunidad para hallar cosas que no encuentres cerca de ti. Por ejemplo: mueres por comprarte una sudadera específica de Kenzo o unos Manolo Blahnik que no existen en ninguna tienda de tu ciudad o tu país. En línea puedes encontrarlos y comprarlos, y con un poco de suerte, hasta en rebaja. Ésta suele ser una de las grandes ventajas de comprar en sitios estadunidenses: mientras que en México y la mayor parte del mundo las temporadas de rebajas llegan sólo dos veces al año, en Estados Unidos son muy agresivos con la filosofía de rebajas, y siempre hay promociones y descuentos. Como la moda se mueve tan rápido ahí y ellos son partidarios de eliminar rápidamente inventarios, siempre es fácil encontrar artículos a muy buen precio y con rebajas adicionales antes que en la ciudad en la que vives. En línea puedes tener acceso a preventas y a los artículos de moda mucho antes que nadie, si eres de los que mueren por tener una prenda en el minuto en que sale al mercado. Las tiendas online también cuentan con la gran ventaja de tener una política bastante amable con respecto a cambios o devoluciones, y salvo las prendas que están marcadas como "*final sale*", puedes cambiar o devolver lo que no quieras por la razón que sea —no te quedó, no te gustó o simplemente cambiaste de parecer—, lo que en muchas tiendas físicas suele ser más complicado.

Desventajas

Claro, comprar en línea tiene desventajas, y la primera de todas es que no tienes físicamente frente a ti la prenda que estás comprando, con lo cual, no sabes con exactitud como lucirá en ti, si es realmente como aparece en la fotografía y, lo más importante, si te va a quedar bien de talla. Como sabes, el tema de las tallas es lo más engañoso del mundo. Yo, por ejemplo, tengo zapatos que van desde una talla 40 (26 mexicano) hasta una 44 (29 mexicano); todo depende de la horma, la marca o que ese día al diseñador se le ocurrió hacer sus zapatos más grandes. Así de arbitrario suele ser el tema. Y a veces, el número varía en una misma marca. O sea que siempre hay una pequeña rendija que queda abierta a la suerte cuando haces una compra en línea. Otra desventaja puede ser que la página en la que quieres comprar no envíe a tu país, o que si lo hace, entre los impuestos y el costo del envío terminas pagando a veces un 20 o hasta 30 por ciento más de lo que cuesta el artículo en cuestión. Claro está que si lo deseas con toda el alma, al final eso importa poco.

Luego está el tema del tiempo de espera de tu compra: si vas a comprar algo que necesites de forma urgente, revisa muy bien si la página ofrece el servicio que requieres y asegúrate de que llegará a tiempo. Hay sitios que son muy rápidos en hacer los envíos y otros que suelen tardarse mucho más. Esto depende en buena medida del sistema de aduana de tu país. Y siempre existe el factor de lo inesperado: que algo se pierda en el correo o que alguien que no seas tú lo reciba y no llegue a tus manos. Aunque la mayoría de estas compras están aseguradas, entre que tu paquete no llega, haces la reclamación y te devuelven tu dinero pueden pasar un par de meses, sin descontar el mal sabor de boca que te deja la experiencia. Pero no te espantes: esto tiende a pasar muy rara vez.

Otro aspecto negativo de esta manera de comprar sucede cuando el sitio en cuestión no calcula los impuestos de importación a tu país. Aunque hoy día casi todos lo hacen, hay algunos que no, y cuando envían tu paquete se queda atorado en la aduana hasta que pagues los impuestos correspondientes. Por ello, cerciórate bien de que lo que estás pagando en la página web sea el precio total del artículo que has comprado.

Quizá la peor parte de comprar online es cuando has adquirido algo que no tenía posibilidad de ser devuelto o cambiado, y no te gusta, se te ve espantoso o, peor aún, no te queda. Entonces tienes que quedarte con algo inservible.

Mis trucos a prueba de error para comprar online
(ganados a lo largo de todos mis años como shopaholic)

Deja pocas cosas al azar. Como te decía atrás, comprar online tiene siempre una pequeña rendija por donde puede colarse el factor suerte. Lo que debes hacer es ayudar a que esa rendija se abra al mínimo, como cuando pones una toalla enrollada debajo de tu puerta para que no entre el frío.

1. *Talla: lo básico.* Además de elegir tu talla correcta, revisa la guía de tallas de la página en la que estás comprando (todas tienen el link cerca del precio y descripciones de la prenda), porque ahí te darán medidas más específicas.
2. *Talla: lo más específico.* Siempre lee la descripción de la prenda, porque ahí se hace referencia comúnmente a su *tipo de corte*: si es de tamaño estándar, si es *fitted* (ajustada) o si es *loose* (holgada). Esta descripción puede ayudarte mucho para saber si eliges tu talla normal, una más o una menos. Hay páginas que incluso te dicen qué talla usa el modelo que la lleva puesta en la fotografía, para

ayudarte a tener una idea de cómo queda la prenda y, más aún, cómo te quedará a ti con referencia al modelo.

3. *¿Duda sobre un artículo?* Si tienes la más mínima duda, ponte en contacto con atención al cliente y pregunta por los detalles sobre los que quieras más información. Algunas páginas incluso tienen chat en vivo para ayudarte. Ahí puedes pedir más especificaciones de la prenda o precisiones que te resulten importantes, por ejemplo, si es muy transparente, o si tiene alguna fibra a la que tengas alergia.

4. *El destino.* Antes que nada, confirma si la página hace envíos a tu país. Si no, ni te molestes y ve a otra. Si no revisas esto desde el principio harás de todo tu ejercicio de navegación una pérdida de tiempo... y eso es muy frustrante.

5. *El costo del envío.* Hay veces que el mero costo del envío es más alto que la prenda que estás comprando, y esto es para pegarse un tiro. Un día quise comprar una camiseta que costaba 20 dólares y del envío eran 30. Así que los mandé al demonio. Usualmente, las tiendas online importantes son bastante justas a este respecto: Net-a-porter, por ejemplo, tiene un costo de envío estándar para todos sus productos. Luisa Via Roma es una delicia, porque el precio que estás viendo en pantalla es lo único que pagas: los impuestos y envíos están incluidos en él. Claro que si, como te decía antes, te mueres por lo que estás comprando, te va a importar poco lo que pagues por el envío.

6. *Los impuestos.* Cerciórate bien de que los impuestos ya estén incluidos o calculados en el precio a pagar, así no te llevarás sorpresas cuando recibas el paquete. A mí alguna vez me pasó: me mandaron un regalo desde Miami, era una canasta con champús. Cuando llegó, el mensajero me dijo que tenía que pagar una cantidad absurda de impuestos, más de lo que costaría comprar los champús en el súper. Así que, con todo el dolor de mi corazón, le pedí que los devolviera.

7. *Que acepte devoluciones.* Verifica siempre que todo se pueda devolver y reembolsar, en caso de que así lo quieras, por la circunstancia que sea. Siempre que compro zapatos me cercioro de que puedan cambiarse si hace falta, porque si no me quedan bien, ¿para qué los quiero? Y siempre he tenido esa fortuna: si algo no me queda, lo devuelvo o lo cambio, y todos contentos. Quizás el único problema sea que en ocasiones —aunque cada vez más páginas ofrecen devoluciones gratuitas— tengas tú que pagar por el costo del envío de vuelta de tu paquete.

8. *Tener parientes "al otro lado": priceless.* Comprar y mandar tus compras dentro de Estados Unidos es una maravilla. Es rápido, eficaz y casi siempre es gratis... o muy barato. La posibilidad de que las cosas se pierdan es mínima, y puedes devolver todo sin que te hagan una sola pregunta. Si tienes un pariente al que visitas con relativa

frecuencia en el país del norte, ahí tienes una forma de comprar como un monarca. Yo hago justo eso: compro en línea todo lo que se me antoja y lo mando a casa de mi hermana. Así, cuando voy a visitarla, ya tengo un montón de cositas esperándome allí. Otra solución es que rentes un apartado postal en alguna ciudad a la que viajes frecuentemente por trabajo y recibas ahí tus compras. Sólo que ojo: hay muchas páginas que no envían nada a apartados postales, así que debes confirmarlo antes de comprar. Y otra cosa: por seguridad muchas páginas no hacen envíos a una dirección que no sea la registrada en la tarjeta de crédito con la que estás pagando, por ello te aconsejo comprarte una tarjeta de crédito prepagada cuando vayas a Estados Unidos. Las venden en las farmacias y son como las de los teléfonos: les puedes poner el dinero que quieras y sirven como una tarjeta de crédito local con la que puedes realizar tus compras y enviarlas a una dirección en ese país.

9. *Haz "montón".* Para que te salga rentable el envío, acumula varias cositas del mismo website. Yo, por ejemplo, voy poniendo cosas que me gustan en mi "cesta de compra" y ahí las dejo. Esto me da tiempo para, uno, ver si realmente las quiero comprar, y dos, para ver si voy juntando más y así amortizo el costo del envío. A veces, con un poco de suerte, hasta llegan las rebajas y lo que tengo en la cesta ya tiene algún descuentillo.

10. *¿Trato directo?* Hoy, gracias a las redes sociales, muchos jóvenes creadores venden sus propios diseños. Esto es una maravilla, porque te ofrece la posibilidad de poseer cosas únicas. No obstante, hay que tomar precauciones antes de hacer un depósito o pasar tu tarjeta de crédito: busca en sus redes cuántos comentarios tienen acerca de las transacciones realizadas. Pero sobre todo, comprueba su seriedad a través del contacto: como usualmente te comunicarás con ellos a través de email, ve qué tan serios son para responderte, si contestan pronto, si son profesionales; te dará

más seguridad. Si puedes, pídeles su teléfono y trata de hablar con ellos; esto también te hará saber si son gente seria. Aquí tienes que confiar mucho en tus corazonadas. Al menor indicio que te inspire desconfianza, mejor abstente.

11. *Si algo huele mal, es porque anda mal.* Así como hay jóvenes creadores o empresarios que empiezan su negocio online, también hay muchos estafadores. ¿Cómo saber si estás entrando a una página que quiere timarte? Aplica esta regla: "Si parece muy bueno para ser verdad, probablemente no lo sea". Si te venden un perfume, bolsa, zapatos o cualquier cosa a un precio de broma, y encima no te cobran el envío, probablemente quieran verte la cara. Una buena solución para protegerte en estos sitios es pagar con PayPal, ya que esta compañía mantiene anónimos tus datos bancarios y además te protege contra compras fraudulentas. Si el sitio sólo acepta pagos con tarjetas o por giros bancarios y se ve medio "hechizo", mejor no te metas ahí y busca un lugar más serio donde hacer tu compra.

12. *Acude a foros de compradores.* Hoy día, la comunidad virtual ha creado diversos foros donde usuarios de cualquier bien o servicio pueden compartir sus experiencias con otros. Desde hotelería, restaurantes, trámites administrativos hasta compras de toda clase, cientos de personas publican cómo les fue en una determinada actividad. Y te sorprenderías de ver que hay foros para todo. Por ejemplo, el portal iOffer —famoso en Asia y Europa— es una especie de eBay del inframundo, porque muchos de sus vendedores ofrecen *counterfeit*, es decir, copias pirata de prendas de moda. Dado que no puedes pagar ahí más que con tarjeta de crédito, es cuna de estafas y fraudes. En todos los foros al respecto, la gente se queja amargamente de las terribles experiencias que han tenido comprando ahí, y el sitio no se hace responsable por los vendedores —a diferencia de eBay. Por eso, antes de comprar en un website que no conozcas, acude a los foros de usuarios. Te serán de gran ayuda.

eBay: punto y aparte

Comprar en eBay es una experiencia distinta al resto por una razón: no compras a una corporación, sino a un vendedor particular que está al amparo de esta asociación. A pesar de que cuenta con un área de venta manejada por ellos mismos —parecida a la de Amazon—, el verdadero negocio de eBay es la compraventa de terceros. Aunque puedes encontrar artículos de temporada (generalmente se trata de prendas que están agotadas en las boutiques al ser piezas *it*) o cosas nuevas pero de temporadas anteriores, lo fuerte son las prendas de segunda mano y el vintage. Ya te explicaré más adelante cómo ser un buen comprador de vintage; por ahora, me limito a darte algunos consejos generales para eBay.

Primero: cómo comprar. Hay dos tipos de compra en eBay: la que se hace por subasta y la que se realiza de manera directa con un precio ya fijado por el vendedor. En este último caso, a veces existe la opción de "regateo", es decir, que ofrezcas tú una cantidad que estés dispuesto a pagar por la prenda. Si el vendedor acepta tu oferta, entonces es tuya. Pero en el caso de las subastas, hay que tener cuidado, porque la emoción puede llevarte a hacer cosas irracionales. Cuando pujes por un artículo, hazlo siempre cuando la subasta esté a punto de acabar. Si pujas por una prenda muchos días antes de que finalice, estás dando oportunidad a que la prenda suba más de precio. Por eso hay que esperar hasta el último momento, y más cuando hay pocas personas interesadas en el artículo. Si sucede al contrario —que haya mucha gente interesada en el artículo desde el principio—, significa que la pieza vale la pena. En este caso, sé cauto y fíjate una cantidad en la mente: lo máximo que estás dispuesto a pagar. Si te dejas llevar por el frenesí de la subasta, puede que termines gastando mucho más de lo que querías pagar por la prenda; y una vez ganada, tienes que liquidarla, o eBay te amonestará con una nota de "No pagador" que hará que muchos vendedores no quieran hacer negocio contigo. Por eso hay que tener pies de plomo al momento de pujar.

Segundo: observa. Mira bien todas las fotos de la prenda que quieres comprar para saber si está en buenas condiciones. Usualmente, los vendedores honestos te advierten si el artículo tiene algún defecto o detallan en qué condiciones está. Pero si no lo especifican y no se alcanza a ver en las fotos, pide más información.

Tercero: originales y copias. Cuando estés comprando una prenda de diseñador, especialmente de aquellos que son muy imitados, cerciórate bien de que sea original. Aunque eBay suele detectar las copias, tiene millones de vendedores, por lo que no puede controlarlos a todos. De modo que recurre siempre a tu buen ojo, y si el vendedor no publica suficientes imágenes que avalen la autenticidad de la prenda, pídele fotos de las etiquetas y hasta de los hologramas de seguridad, en caso de que los haya. Cabe decir que ya hay pocos vendedores que te dan gato por liebre, porque al estar el comprador protegido por eBay en caso de estafa, cada vez menos gente lo intenta. Y hoy, quien te quiere vender una copia, te dice que lo es y no se anda con rodeos, así que sabes entonces lo que estás comprando.

Cuarto: siempre paga con PayPal. Además de ser seguro, te protege contra fraudes o cuando quieres devolver una compra que no es lo que esperabas.

Quinto: la geografía importa. Los vendedores más honrados de eBay son los japoneses. Te ponen los más mínimos detalles de la pieza que estás comprando y te dicen incluso a que huele para que sepas a lo que te atienes. Los estadunidenses son también bastante decentes, aunque a veces muestran poca disposición para las devoluciones. Ve con más tacto cuando se trate de vendedores de Europa del Este o de China continental, porque es donde se dan más intentos de estafa. Cuidado con las bolsas de marca o los perfumes. Yo tuve una experiencia desagradable con un ruso al que le quise comprar un par de lentes de un diseñador alternativo. Además de que jamás llegaron, el vendedor negó habérmelos vendido y dijo que el dinero que le había pagado era por una asesoría profesional. Así, con esa frescura. Por fortuna yo tenía guardados todos los mensajes que intercambié con él (siempre a través de eBay), y después de un estira y afloja que duró semanas, eBay resolvió a mi favor y me devolvieron el dinero. Pero el mal sabor de boca ahí quedó.

Sexto: todo por la derecha. Muchas veces los vendedores te ofrecen hacer el trato "por fuera" de eBay, tentándote con darte mucho mejor precio. A veces puede funcionar, pero corres el riesgo de que, si existiera cualquier problema, eBay no responderá por ti.

Séptimo: sé meticuloso con las descripciones. Mucha de la ropa que compras en eBay ha sido alterada, es decir, los pantalones o faldas tienen bastillas a una altura determinada y a veces las mangas de los sacos —más frecuentemente de lo que creerías— están acortadas. Por eso, si no especifican las medidas de la prenda, pídelas tú al vendedor y no confíes sólo en la talla de la etiqueta.

Octavo: piensa mal... y acertarás. Si algo muy bueno es demasiado barato, desconfía. Si alguien dice: "Es Dior pero la etiqueta se cayó", y no hay otras señales de que la prenda sea lo que dice ser, desconfía —las etiquetas de la ropa no se caen solas, créeme. Si alguien pone: "Me lo regalaron, pero supongo que es original", desconfía.

Noveno: ante la duda, pregunta. Pide ayuda de alguien que sepa más que tú del tema cuando tengas alguna duda. Mis amigas, por ejemplo, me mandan los links de las prendas que quieren comprar y mi opinión les ayuda a decidir.

Décimo: compara. Dentro del mismo eBay, el precio de una sola prenda puede variar hasta tres veces más de un vendedor a otro. Durante mucho tiempo estuve en busca de una bolsa de colección de Chanel del año 2001: un clutch con la imagen de Coco Chanel al estilo cómic, muy a lo Roy Lichtenstein. Al final la hallé, y curiosamente, había dos vendedores que la ofrecían. Uno a 500 dólares y el otro... ¡a 1,700! ¡La misma bolsa! Obviamente corrí y compré la de menor precio. Por ello, sé paciente y busca, busca... porque como este ejemplo que te doy, hay cientos.

Dónde comprar bueno, bonito... y a veces barato

Existen varios tipos de páginas para comprar en internet: las tiendas online oficiales de una marca —donde sólo puedes adquirir sus productos—, las tiendas de la página web oficial de una tienda departamental —Saks, Barneys, Neiman Marcus, El Palacio de Hierro— o las páginas de shopping online directo, es decir, que no son ni de una sola marca ni de una tienda física: que sólo venden en línea. Todas ellas tienen sus valores y peculiaridades.

Tienda en línea de una marca específica

Tiene la ventaja de contar con el mayor rango de productos de la marca. En ocasiones, para fomentar el tráfico de visitas en la página, algunas compañías crean productos exclusivos para sus tiendas online, es decir, que no podrás encontrar en las tiendas físicas. Por ejemplo, la marca de zapatos Camper hizo hace tiempo una colaboración con el diseñador Bernhard Wilhelm, y ciertos colores de calzado sólo estaban disponibles en línea. Gucci, por su parte, tiene disponibles todos los modelos existentes en su inventario, lo mismo que Louis Vuitton, con excepción, claro, de sus piezas de colección. En la página de Kenzo, además de la colección actual, tienen un apartado de outlet, privilegio exclusivo online, donde puedes comprar prendas de la temporada anterior con descuento. En el sitio de Zara puedes encontrar tallas o modelos de prendas que ya se acabaron en tienda. Además, con este tipo de establecimientos tienes el aval de la marca misma —cualquier problema con tu compra tiene una solución mucho más directa—, y a diferencia de lo que ocurre con algunas páginas web de tiendas departamentales, suelen ser mucho más expeditos con sus envíos. ¿Lo malo? Que las tiendas online de las marcas no están disponibles para todos los países y a veces toca la mala suerte que el tuyo sea de los excluidos.

Tienda en línea de una tienda departamental

Suelen ser casi como recorridos virtuales por la tienda departamental que más te gusta. En algunas, como la de Saks, la presentación de algunas prendas está hecha en forma de video, y puedes ver a un modelo caminando con la que quieres comprar, mostrándola desde todos los ángulos, además de las múltiples fotos para ver cada detalle. La ventaja que tienen las tiendas online sobre las tiendas departamentales es lo que en la industria de la moda se conoce como el *buying*: la selección especial para cada tienda de acuerdo a su perfil de consumidor hecha, claro está, por los buyers o compradores. Por ejemplo: Barneys y Saks pueden vender productos de Prada, pero la selección será muy distinta en cada tienda. Esto proporciona al cliente opciones más diversas de compra. Las ventajas que tienen estas páginas son sus constantes promociones. Neiman Marcus tiene lo que llama el "Midday Dash", una ventaja sólo para los compradores en línea; en un lapso determinado, que suele ser un par de horas, tienes un descuento especial bastante atractivo. La mayoría de las páginas de tiendas departamentales en Estados Unidos siempre tiene un apartado de *sale* (rebajas) y otro, que es una delicia, llamado *clearance* (remate), donde puedes encontrar cosas verdaderamente regaladas, con descuentos hasta de 70 u 80 por ciento en algunas ocasiones. ¿Las desventajas? Que al tener inventarios tan grandes y de diferentes prendas, el surtido de tallas puede ser limitado, y cuando compras algo, tienen que localizarlo en el lugar donde está —en bodegas o en las mismas tiendas dentro del país de origen—, por lo que pueden pasar varios días antes de que tu compra llegue hasta ti.

Tienda en línea directa

Una tienda online directa es aquella que no tiene un espacio físico, es decir, que sólo vende en línea: no se aboca a vender cosas de una sola marca ni presenta el inventario virtual de una tienda departamental. La tienda online directa tiene su propia personalidad, un perfil específico de consumidor y se dedica solamente a eso: a vender en línea. Por ello, su infraestructura es como una maquinaria de reloj: funciona con la suavidad de la seda. Estos sitios tienen la ventaja enorme de contar con un rango asombroso de marcas, diseñadores de todo el mundo y, de acuerdo con su perfil y personalidad, un surtido muy vasto de artículos. Tienen igualmente la posibilidad de ofrecer artículos exclusivos, ya que hay sitios, como Luisa Via Roma, para los cuales algunos diseñadores crean prendas que no pueden comprarse en ninguna otra parte. Muchas veces hacen preventas, es decir, puedes comprar un artículo antes de que salga a la venta, y con ello asegurarte que "no te lo van a ganar": más aún cuando se trata de una de esas piezas deseadísimas del momento. Además, tienen la ventaja de que envían su mercancía a casi cualquier parte del mundo, puedes hacer devoluciones o cambios casi siempre, y ellos se encargan de calcular el costo del impuesto de aduana y el precio del envío, que suele ser bastante bajo, a tu país. ¿La desventaja? Que la mercancía no es muy barata. Claro: es un precio que hay que pagar si quieres una prenda que no existe en tu ciudad o que puede estar agotada.

Hay otro tipo de tienda virtual directa, y es la de los diseñadores y creadores jóvenes, que trabajan de manera casi artesanal y a veces ni siquiera cuentan con una página web oficial, por lo que venden su mercancía a través de las redes sociales, como Facebook o Instagram. El mecanismo aquí es más básico y directo: te pones en contacto por mail con el vendedor en cuestión, le dices lo que quieres, le haces un depósito en su cuenta de banco y él te manda lo que compraste por correo o mensajería. Este tipo de negocio, llamémoslo semivirtual, es muy común entre gente joven y funciona más bien de manera local, es decir, sólo para tu país. Tiene la ventaja de que tratas directamente con el dueño del negocio y es más fácil la transacción. Usualmente —y porque quiere captarte como cliente— será expedito en el envío y te cobrará un precio justo. ¿El riesgo? Que muchas veces tiene que "producir" lo que le pides —una sudadera o una camiseta, por ejemplo— y eso puede tomar tiempo. Por otro lado, la calidad y acabados quizá sean bastante regulares y, en el peor de los casos, puede no haber buena comunicación con el vendedor, y hasta podría desaparecer sin que tú recibas tu prenda ni te devuelvan el dinero. Por eso, con este último tipo de tienda online hay que andar con pies de plomo y echar mano de alguno de los consejos que ya te he dado antes en Mis trucos a prueba de error...

Mis webs favoritas

Éste es un mundo muy cambiante, y al igual que ocurre con lo referente a la moda, a veces lo que estuvo arriba suele acabar aplastado en el piso. No obstante, el comercio en línea despunta de una forma tremenda y los sitios importantes han ido afianzando más y más su lugar en los últimos años. Estos son mis sitios favoritos para comprar online:

Luisa Via Roma

Lo pongo hasta arriba de mi lista por muchas razones. Tienen un surtido excepcional de marcas, con diseñadores de todo el mundo —incluso algunos mexicanos—, y oscilan desde un estilo fashion hasta llegar a lo *edgy*. El sitio es para hombres y mujeres, tiene una sección de rebajas permanente y la maravilla es que el precio que ves en la pantalla es lo que pagas: no hay extras por impuestos y envíos, pues éstos ya están calculados.

Net-a-Porter

Otro de mis sitios favoritos. Su rango de diseñadores es amplísimo y manejan un repertorio exclusivo: muchos diseñadores ofrecen ahí prendas que no hallarás en otra parte. Su selección es un poco más clásica, pero siempre de última. Es un sitio sólo para mujeres. Cobran el envío, pero el precio es muy razonable.

Mr. Porter

Es la versión masculina de Net-a-Porter. Pensada para un hombre más clásico, pero siempre enterado de las tendencias de la moda.

Farfetch

Es una web que reúne a más de 300 boutiques de todo el mundo. Está dirigida a hombres y mujeres, y divide su mercancía en dos rubros: Luxe, diseñadores o marcas famosos, y Lab, una selección más atrevida para gustos más jóvenes o extremos. Suele ofrecer envío gratuito a partir de una cantidad determinada de consumo. También tiene una sección de rebajas permanente. ¡Ah!, y cuenta con un apartado de prendas vintage.

Matches Fashion

Una boutique online y física, ubicada en Londres, que ofrece una selección muy sofisticada de prendas y accesorios de los mejores diseñadores del mundo, desde los AAA hasta nuevos talentos. Tienen también sección de rebajas fija y frecuentemente ofrecen promociones como descuentos y envío gratuito.

Amazon

Aquí puedes comprar de todo, literalmente, y aunque el sitio es más popular por su venta de libros o música, también tiene una enorme gama de artículos de moda. A pesar de que trabajan mayormente con marcas de difusión —frecuentemente están conectados con las webs de las tiendas Macy's o Nordstrom, que son de un rango de precio medio—, muchas veces tienen un stock de prendas de diseñador a buen precio: Prada, Fendi, Lagerfeld, Gucci y alguna otra marca de lujo suelen estar disponibles aquí. Y la ventaja es que envían a todo el mundo, salvo cuando no son ellos el vendedor directo.

Neiman Marcus

La web de la tienda de lujo estadunidense tiene la ventaja de sus constantes ofertas exclusivas para los compradores en línea. No sólo tiene sección de rebajas, sino de remates. Y si a esto le sumas las ofertas especiales que tienen frecuentemente, puedes hacerte de piezas de diseñador por un precio realmente bajo.

Bergdorf Goodman

Es la quintaesencia del lujo. En esta boutique y su web hallarás lo más sofisticado, único y exclusivo del mundo. Eso sí: a precios bastante altos. Pero si es algo que buscabas con desesperación, vale la pena.

Saks Fifth Avenue

Otra de mis webs consentidas. Cuentan con un surtido impecable de prendas de diseñador y una marca propia que tiene un alto nivel de calidad. Su perfil es más conservador, siempre tienen un apartado de rebajas y envían a todo el mundo.

Barneys

Es de las boutiques más *hip* de Estados Unidos. Su surtido es fashion y de diseñador, pero más osado y juvenil. Ahí se encuentran diseñadores que no hallas en ninguna otra tienda americana. También hacen envíos a casi todo el mundo y ofrecen constantes promociones.

Macy's

La reina de las webs de precio accesible. Sus productos tienen una relación muy cercana de calidad-precio; además cuentan con ofertas constantes y envíos internacionales. Una tienda ideal para ropa más "del diario".

Harrods

Es el contacto directo con Londres. Tiene una serie de marcas y diseñadores locales que son una maravilla, y su *buying* es bastante extenso: va de lo muy fashion, pasando por lo formal, hasta llegar a lo *edgy*. Tienen una gran cantidad de marcas de lujo en su haber y envían internacionalmente, pero no a todos los países: ésa es su desventaja.

El Palacio de Hierro

Es una de las tiendas departamentales de más prestigio en México y ha entrado con bastante éxito al comercio online: ofrecen la posibilidad de comprar de su sección de marcas locales e internacionales, y además la página está organizada como una revista de estilo de vida para que la experiencia de compra sea más amena.

Mexicouture

La primera página web de diseñadores Mexicanos *edgy* y contemporáneos. Tiene un surtido de prendas de gran calidad (curadas por la especialista Sara Galindo) y hace envíos locales e internacionales.

Barneys Warehouse

Éste es el "outlet" en línea de Barneys, y es una maravilla. Aquí puedes adquirir todas las prendas fuera de temporada de la boutique que ya antes estuvieron rebajadas. Cuentan además con una sección de remates donde los descuentos llegan hasta el 80 por ciento. Vale mucho la pena echarle un vistazo. También envían a casi todo el mundo.

The Outnet

Es el outlet web de Net-a-Porter. Al igual que en el de Barneys, ahí van a parar las cosas que ya estuvieron en rebaja en el sitio de origen. Puedes hallar prendas de diseñadores con generosos descuentos; en ocasiones, con las promociones extra, puedes pagar una fracción mínima del valor original: yo he comprado accesorios ahí con 90 por ciento de descuento.

Yoox

Se trata de una web de lujo que forma parte del grupo Net-a-Porter. Tiene colecciones especiales, decoración, una parte de prendas contemporáneas y una igualmente abundante de prendas fuera de temporada a precios muy competitivos. Sus promociones especiales pueden permitirte comprar ropa y accesorios de diseñador hasta con un 90% de descuento.

Polyvore

Éste es un buscador de páginas de compras. Puedes acceder y navegar libremente o bien —su mejor cualidad— especificar qué prenda es la que estás buscando, y el sitio te da múltiples opciones para comprarla, de modo que puedes comparar precios e incluso enterarte de dónde comprarla con descuento.

eBay

Es el sitio de subastas más famoso del mundo. A pesar de que tiene también negocio de venta directa, su mayor atractivo es reunir a vendedores del orbe entero que ofrecen directamente o subastan prendas nuevas o mayormente de segunda mano. Pueden enviar a todos los países, aunque esto casi siempre depende del vendedor. Páginas atrás te expliqué cómo comprar inteligentemente en este sitio.

Vestiaire Collective

Esta página web francesa es un poco la respuesta europea a eBay, sólo que se especializa en marcas de nivel medio a alto, prendas de segunda mano y vintage. Al igual que eBay, el envío internacional depende del vendedor.

Pues sí, el shopping online ya no es cosa del futuro. Está aquí y su repercusión sobre las ventas en tiendas físicas ya comienza a notarse. En Asia, el costo de las rentas de los locales comerciales está disminuyendo, año tras año, a causa del descenso en los ingresos debido al alza del *e-commerce*. Y es cuestión de tiempo —poco, diría yo— que la tendencia alcance nivel global. Por ello, no hay que perder de vista esta relativamente nueva alternativa que se nos pone al frente para comprar. Sí, la experiencia del shopping online puede ser igual de placentera que comprar en vivo y en directo. Como todo, es cuestión de gusto. Pero un comprador inteligente puede mezclar ambos tipos de compras... y tomar lo mejor de cada uno. ¿Por qué tener sólo una buena opción, si puedes tener dos?

9. Comprar en rebajas: cómo, cuándo... y cuándo no

ENTRE LAS IMÁGENES MÁS INQUIETANTES QUE HE LLEGADO A VER POR TELEVISIÓN, están las de esas hordas salvajes y desenfrenadas que durante el Black Friday —el día siguiente a Acción de Gracias, que se ha convertido en el día de rebajas más agresivo del año en Estados Unidos— entran en los centros comerciales como una plaga bíblica, arrasando con todo a su paso, con el único fin de encontrar *esa* gran oferta con la que todos soñamos. En España se ha vuelto también una tradición que los noticiarios matutinos del 7 de enero —día en que se inician las rebajas en ese país— filmen en vivo a las señoras, ya entradas en años, que corren cual gacelas en el momento en que se abren las puertas de El Corte Inglés para tener la primicia de los artículos con descuento. Aquí nos damos cuenta de cómo el shopping es el mejor remedio para la artritis, el reumatismo o las lumbalgias: una buena sesión de compras puede hacer más que un par de sesiones de fisioterapia, comprobadísimo.

No conozco a una sola persona en el mundo a la que no le guste comprar con descuento. Para ciertas culturas, incluso, el regateo es parte de su cotidianidad comercial. Todas las mujeres de mi familia eran maestras en la materia: "Marchante, no se pase... ¿Cómo que las manzanas están a 10 pesos el kilo?"; a lo que el tendero respondía: "Es que están caras porque no ha llovido, güerita", aunque el tono de piel de mi madre fuera más cercano al de Beyoncé, era "güerita" en el mercado, "ándele, pa' que se anime se las pongo a 7". Y así se cerraba una negociación comercial cotidiana en la vida de mi familia. Para los asiáticos, el regateo es como un deporte nacional: ellos lo hacen y esperan que tú lo hagas con ellos. Aceptar el primer precio que un chino te pide por un producto es casi un insulto, porque entonces, ellos se sienten tontos por no haberte pedido más dinero. Así de retorcida es la mente humana. Por ende, al comenzar el regateo con un chino, tienes que tirar a matar y ofrecerles un 10 o 20% del precio que ellos te están pidiendo. Te dirán que estás loco. Tú tratarás de irte, pero ellos te detendrán para la siguiente fase de negociación. Así, en un estira y afloja que la verdad puede ser bastante cansado, terminas pagando la mitad o menos de lo que te pidieron en un principio. Y si cuando reciben el dinero lo hacen con una sonrisa, significa que aun con todo el estira y afloja, ellos salieron ganando.

Regatear es un placer; no obstante, sólo se puede hacer cuando estás comprando directamente del vendedor. Pero ¿qué sucede cuando se trata de un gran consorcio y no puedes ir directamente hasta los señores Amancio Ortega o Bernard Arnault para pedirles una rebajita en tus jeans de Zara o un descuento en una bolsa de Céline? Sucede entonces que son ellos quienes deciden cuándo, cómo y cuánto, y te invitan a jugar con ellos el gran juego de las rebajas.

Cuando la industria de la moda era más sencilla y estática, solía haber dos temporadas de rebajas: las de primavera-verano (usualmente a partir de julio) y las de otoño-invierno (usualmente a partir de enero). Los descuentos podían ir desde 10 hasta 50 por ciento, de acuerdo con diversos criterios: si la prenda era muy de temporada (como un abrigo muy grueso o un traje de baño, que son prendas que se utilizan en una época muy puntual del año), los descuentos solían ser mayores porque se trataban de piezas que el comprador *ya no necesitaría de manera inminente*. Comprar un abrigo cuando se ha pasado la temporada de frío ya no cubre una necesidad; no obstante, si se adquiere por una porción de su precio completo, entonces se trata de una compra por *oportunidad*. Ya hablaré de esto más adelante en este capítulo.

Por otra parte, los descuentos eran menores a los artículos que aún seguían siendo necesarios, como prendas de entretiempo o básicas.

Pero esto ha evolucionado y revolucionado de manera tal, que los descuentos pueden encontrarse más de dos veces al año. ¿Por qué? Por la frenética oferta que existe en el mundo de la moda. Tomemos como ejemplo una firma de lujo como Chanel. Karl Lagerfeld se enorgullece diciendo que crea ocho colecciones al año para la *maison*: dos de primavera-verano (acto 1 y acto 2), dos de otoño-invierno (acto 1 y acto 2), dos de alta costura (PV y OI) y dos de "entretiempo": Cruise (que se vende a partir de diciembre) y Metiers D' Art, la colección donde echa mano de los talleres de alta costura para crear una colección suntuosa que comienza a venderse más o menos desde agosto. Si hacemos la cuenta, nos percatamos de que cada mes y medio, aproximadamente, están llegando prendas nuevas a las boutiques de Chanel.

Yendo hasta su antípoda, Zara, nos damos cuenta de que su ritmo es aún más frenético, ya que ellos están lanzando prendas ¡cada semana! Es decir que si pasas por sus tiendas cada ocho días, siempre encontrarás piezas nuevas. Por supuesto, esta hiperproducción no sólo cubre, sino que sobrepasa por mucho la demanda en el mercado. Por ello, para deshacerse de excesos de producción, saldos y mercancías de temporadas anteriores que quitan espacio para colocar las nuevas, se han creado las rebajas. La cuestión es que a diferencia de hace unos treinta años, hoy podemos encontrar descuentos, ofertas especiales, promociones y todos los sinónimos que encontremos del concepto "rebaja" casi todo el año, sin que esto llegue a afectar el consumo de prendas a precio lleno.

¿Cómo ha surgido este peculiar fenómeno de convivencia casi promiscua entre prendas de moda a precio completo y otras casi regaladas en un *rack*, a unos pasos de ellas? Nuestro deseo por la novedad es tan fuerte y en ocasiones inconsciente, que los ojos se nos van directamente hacia las novedades de temporada... Una amiga mía me decía: "¿Ves? Tengo ojo de rica, sólo me gusta lo que no está rebajado". Y aunque no se lo dije en ese momento para no decepcionarla y quitarle la ilusión de que tenía un gusto exquisito, la verdad es que esto nos pasa casi a todos: nos atrae más lo que no tiene descuento porque es más nuevo, no lo habíamos visto antes y, además, los señores mercadólogos hacen muy bien su trabajo. Vayamos una vez más a Zara: en temporada de rebajas, fíjate en los muebles donde se encuentran las prendas rebajadas y mira aquellos donde está la mercancía que llaman "Nueva colección", misma que además está señalada con un cartel notorio para hacer de tu conocimiento que esas prendas no tienen descuento. Claro, están ahí colgaditas monísimas, cuidadas... a diferencia del amontonadero y caos en el que se encuentran la ropa con descuento, y en la que tienes que sumergirte y hasta pelearte por hallar la pieza que buscas, si tienes suerte de que esto suceda. Claro está que se te antoja lo ordenado, lo bien planchado, lo que está colgado en la tienda como Dios manda. Así está diseñado: no es que tengas ojo de rico o no, simplemente sucede que tu mente encuentra un ambiente menos caótico y más cautivador en el espacio dedicado a las prendas de temporada.

Ofertadictos

Creo que muy pronto esta adicción comenzará a ser objeto de tratamiento profesional. Los individuos que somos propensos a las compras, lo somos aún más a los descuentos. Al comprar tanto, nuestra economía se vería seriamente afectada —incluso más de lo normal— si todo lo compráramos a precio lleno. Por ello, hemos desarrollado una especie de branquias, como los anfibios, para poder sumergirnos a lo más hondo del sistema de la moda y, al conocer sus engranes, saber cuándo algo llegará a las rebajas, cuándo se acerca una temporada especial de descuentos o bien cuándo, con todo nuestro pesar, tenemos que comprar algo en ese momento aunque no tenga descuento, porque de otra manera no volveremos a verlo jamás.

Las conversaciones femeninas que he podido presenciar a lo largo de mi vida me han sido de gran utilidad para escribir este libro. Por ejemplo, recuerdo muy bien cuando, hace algunos años, estaba de compras con un grupo de colegas periodistas en Miami. En un momento en que todos nos tomamos un descanso para comer, las chicas comenzaron a charlar de sus costumbres de compra. Una de ellas, editora de una revista femenina muy importante, tiró una bomba ahí frente a todos nosotros: "Yo jamás compro a *retail price*". Todos nos quedamos sorprendidos, no porque pensáramos que comprar con descuento fuera algo negativo, sino porque ella siempre vestía *muy* a la moda y parecía gastar fuertes cantidades en ropa. Su secreto era comprar en rebajas en Estados Unidos —justo cuando comenzaban—, mandar todo a casa de una hermana suya en Dallas y, cuando tenía ya un buen cargamento, visitarla y recoger sus compras. Un *win-win*: convivir con la familia y renovar tu guardarropa. Otra de ellas, que vestía siempre a la última moda —con la *IT bag* o el *IT shoe*— invertía en tres o cuatro piezas de temporada y las mezclaba bastante bien. Otra era amante de The Gap y Banana Republic; de ahí se surtía para ella y para toda su familia, y el lujo le daba lo mismo. No obstante, recuerdo bien que en ese viaje todos, sin excepciones, nos llevamos sendos cargamentos de ropa por la que pagamos alrededor de la mitad de su valor, cada uno con su filosofía de compras, cada uno con su propio estilo.

En una comida de damas de alguna asociación benéfica a la que asistí, en mi mesa también se habló de compras, pero de una forma diferente: aquí se notaba claramente la competencia por tener lo último, y a veces lo más costoso. Nadie hablaba de precios y sí de deseos insatisfechos, porque los problemas básicos para estas mujeres eran tres: que no encontraban en México eso que estaban buscado, que no tenían planeado un viaje inmediato a Europa para comprarlo, o —terror de terrores— ya habían ido a Europa y lo que querían estaba agotado. Como ven, cada individuo se enfrenta a una serie de problemas muy distintos a la hora de comprar. Y todos son válidos, cabe decirlo.

Yo me considero miembro "desde 1985" del club de los *ofertadictos*, y dudo que exista rehabilitación alguna para mí. Tengo una teoría muy personal al respecto: los *ofertadictos* se dividen en dos grupos: aquellos que por tener un presupuesto limitado tienen que esperar a las rebajas, y quienes ya dejaron atrás la necesidad apremiante de estar a la última moda. Yo estoy justo en este segundo grupo; somos individuos muy interesados en la moda, pero nos gusta comprar cuando queremos, no cuando el sistema nos dice que debemos tenerla. Somos un poco los rebeldes del estilo. Sabemos que nos gusta Prada, Givenchy o Balenciaga, pero nos da igual tenerlos en el momento de su lanzamiento que tres o seis meses más tarde. Y no nos negamos a comprar prendas a precio completo, ¿eh? Simplemente sucede que cuando algo nos gusta, nos da lo mismo que sea de esta temporada o de tres atrás. Y claro, eso permite obtener un mejor precio. Es a veces una pura cuestión de matemáticas: compro un par de zapatos Ferragamo ahora, o dos por el mismo dinero en unos meses más. Seguirán siendo lindos, seguirán viéndose bien, seguirán siendo Ferragamo. Para quien quiera tenerlos nuevecitos, salidos de manos del diseñador y el mismo día en que hayan llegado a la boutique, adelante. Los *ofertadictos* también solemos hacerlo de cuando en cuando... pero las prendas rebajadas nunca estarán fuera de nuestro menú.

Con esas branquias de las que hablé y que nos permiten a los adictos a los descuentos calcular periodos y momentos de rebajas... se va adquiriendo experiencia y callo. De modo que me interesa compartir con ustedes algunas cosas que he podido aprender allí, en las profundidades del mundo de las compras.

Lo que se vende primero

Para determinar qué es lo que se vende primero en una tienda no necesitas ser un maestro del marketing, sino un buen conocedor de tu entorno, de tu ciudad y hasta de la zona en la que vives. Las prendas se dividen por lo general en tres categorías: básicas, de temporada y ediciones especiales o limitadas.

Las prendas básicas son aquellos elementos fundamentales de un guardarropa: piezas de corte sencillo, en colores lisos y que, por lo general, forman parte de los catálogos permanentes de una marca, es decir, que se siguen produciendo todo el año, con unas cuantas variaciones quizá, pero respetando su idea original.

Las prendas de temporada son aquellas que se crean de forma puntual para un determinado lapso de tiempo, y una vez que se agotan, no se producirán más. Aunque pueden darse excepciones: si una prenda es muy exitosa, es probable que se replique en una versión nueva, adaptada a la temporada siguiente.

Las prendas de edición limitada, por último, son aquellas que por su elaboración, costo, manufactura compleja o por razones de marketing —para generar un fuerte deseo por ellas— se producen en número muy reducido. Dependerá de la promoción y exposición publicitaria que hayan tenido o de la expectativa del comprador con respecto a ellas, que puedan agotarse en tiempo récord... o bien ser un rotundo fracaso.

Ahora, ¿cómo saber qué es lo que puede llegar a rebajas? Aunque no hay una ciencia que lo asegure, sí hay una serie de factores que pueden ayudarte a saberlo:

El comprador de tu zona y su circunstancia

La cultura, religión, educación y geografía influirán decisivamente en el tipo de prendas que puedan tener más o menos éxito en una temporada. Por eso, como mencioné capítulos atrás, el buen trabajo de un *buyer* o comprador es fundamental para que las ventas de una colección sean exitosas o no.

Un ejemplo para que te quede más claro este asunto. Creemos una ciudad imaginaria, pequeña, no capital, que tiene un buen surtido de tiendas. La gente en general es religiosa y tiende a vestir de colores más bien sobrios. Aunque, especialmente los jóvenes, están interesados en la moda, y suelen atreverse más con zapatos, bolsas y accesorios que con prendas de vestir. Claro, siempre habrá excepciones. Ahora dime, según tu punto de vista, ¿cuáles crees que son las prendas que llegarán a las rebajas? Seguramente, las muy llamativas, las coloridas, las muy reveladoras, las demasiado *trendy*… justo aquello que el consumidor promedio no compraría. ¿Qué es lo que no bajaría de precio? Las prendas básicas y, ya que en esta ciudad la gente gusta demostrar su sentido fashion a través de los accesorios, es muy probable que las ediciones limitadas de éstos también se vendan rápidamente.

También, de acuerdo con el país, hay ciertos colores, tallas y prendas que suelen venderse antes. En ciertos lugares de Asia, por las proporciones físicas de los habitantes, se venden rápidamente las tallas pequeñas, lo mismo para hombre que para mujer. Y si utilizamos nuestra lógica, lo que no se venderá —y llegará a las rebajas— serán los números muy grandes de zapatos, las tallas grandes de ropa o los accesorios de grandes dimensiones, porque lucen desproporcionados en físicos tan menudos. Y de prendas *oversize* ya ni hablamos: un día me tocó ver en Beijing a un chico que se probaba una chaqueta *oversize* de Martin Margiela y, literal, parecía que se hubiera encogido dentro de ella.

De modo que, si te gustan las compras y eres un *ofertadicto*, podrás hacer el análisis de qué prenda debes comprar de inmediato o por cuál puedes esperar a las rebajas, porque estará ahí esperándote marcada con un glorioso descuento.

Tu estilo vs. el de los demás

He tenido la fortuna de vestir diferente a los demás. En muchas ocasiones esto, además de colocarme en la categoría de "bicho raro", también ha sido mi pase directo para comprar todo lo que me gusta en las rebajas. Es verdad: cuando llegaba a una tienda y veía una prenda que me volvía loco, analizaba un poco y podía, hasta cierto punto, saber si llegaría o no a tener descuento. Recuerdo alguna vez haberme enamorado de un suéter espectacular de Armani, todo bordado de lentejuelas en la parte frontal. Había sólo dos en la boutique, uno de mi talla y uno mucho más pequeño. En cuanto lo vi supe que tenía que ser mío, pero un amigo que me acompañaba me dijo: "Espérate: un suéter como éste, lleno de brillitos, no lo va a comprar nadie en México. Seguro que llega a las rebajas, que son dentro de un mes". Le hice caso porque los argumentos de mi amigo eran fundamentados: no me imaginaba a muchos chicos mexicanos llevando una prenda como ésa. Sin embargo, mi deseo por el suéter fue creciendo más y más hasta que una semana más tarde, decidí que no podía esperar y que lo quería en ese mismo momento. Fui a buscarlo y cuando llegué a la boutique me dijeron que el suéter se había vendido. ¡Me quiso dar algo! Y no sólo el de mi talla, sino el otro más pequeño también. En ese instante tuve sentimientos encontrados: lamenté no haber hecho caso a mi instinto y llevármelo en el momento en que lo vi, pero luego me sentí feliz de que el gusto masculino en mi país estuviera evolucionando. Sin embargo, debo decir que esta fórmula me falla pocas veces: digamos que en un 85 por ciento de los casos, las prendas que intuyo que llegarán a rebajas terminan allí. Y yo, como felino acechando a mi presa, las espero para cazarlas cuando están a una fracción de su precio original.

El termómetro de la permanencia

Hay otra manera de saber si una prenda va a llegar a rebajas: corroborar constantemente los inventarios. Seguramente muchos pensarán que soy un verdadero enfermo, pero la verdad es que esto es algo que he aprendido a hacer "de pasadita", y sirve bastante para lograr tus fines. Digamos que hay una prenda de Lanvin que te encanta, pero por una razón u otra no estás dispuesto a pagar por ella *full price*, ya sea porque crees que el precio es un poco exagerado o porque se trata de un mero capricho. Puede suceder lo mismo con una prenda de *fast fashion*. Lo que tienes que hacer es mantenerla "vigilada", es decir, darte tus vueltas por la tienda y comprobar los inventarios: cuántas piezas hay de esa prenda. Si cada vez que vas a verla el número de piezas es notablemente menor, significa que se está vendiendo bien y muy probablemente no llegará a rebajas, así que si la quieres, es ahora o nunca. Sin embargo, si la cantidad se mantiene prácticamente igual, entonces la pieza en cuestión no está teniendo mucho movimiento y posiblemente la podrás conseguir rebajada.

En el campo de batalla

Llega el día que muchos esperamos ansiosos: el inicio de la época de rebajas. Ese día que hay filas para entrar a ciertas tiendas, incluso las señoras mayores olvidan sus achaques con tal de encontrar alguna ganga. Hay caos, frenesí, adrenalina que saca chispas en el ambiente, estados emocionales alterados —ya me tocó ver un día a dos mujeres dándose bofetadas a causa de un vestido que una le arrebató a la otra— y muchas ganas de llevarte a casa esa prenda que habías estado esperando por tanto tiempo.

No obstante, ser un espacio que te puede dar muchas alegrías, una tienda con rebajas es también un territorio lleno de peligros; como en el juego de serpientes y escaleras, puedes triunfar, pero igualmente puedes caer en desgracia. Cuando compras en rebajas en un establecimiento de *fast fashion*, especialmente si se trata de los primeros días, hay una especie de euforia colectiva que puede ser contagiosa. La gente va tomando lo que puede, luego lo va abandonando en diversos sitios, y al final muchos se dejan guiar única y exclusivamente por el precio —¡Uy, *qué baratas están las camisetas!*— y toman un puñado de las prendas más rebajadas, porque están baratas, no porque realmente las necesiten o les gusten. No les pasa por la cabeza la imagen de su armario con un cajón rebosante de camisetas, muchas aún sin estrenar. ¿Tengo razón o no? Por ello, me parece importante darte diez tips que te pueden ser de gran utilidad cuando compres en rebajas.

1. No permitas que se nuble tu juicio, porque comprar sin él es una pésima idea. Emociónate, sí, pero no dejes que la euforia se apodere de ti. Piensa en esto: lo que es para ti, será para ti. Así haya cien personas arrebatándose cosas alrededor tuyo.

2. Asegúrate de que lo que estás comprando tenga opción de devolución o cambio. Siempre es más cómodo y eficaz probarte las cosas en tu casa que con la presión de veinte personas haciendo fila, esperando que desocupes el probador.

3. Si tu compra es *final sale*, es decir que no tiene cambio o devolución, pruébatela muy bien. Ayúdate con prendas que semejen a aquellas con las que piensas combinar la que estás comprando. Por ejemplo, si tu interés se ha depositado en una chaqueta gris para usarla con unos pantalones azules, busca unos en la tienda que tengan el mismo tono o uno parecido a los tuyos, y aprecia el conjunto en su totalidad. Esto te dará una imagen más cercana a lo que quieres conseguir y servirá para determinar tu compra.

4. Busca un acompañante al que le gusten también las rebajas. Entre los dos pueden servirse de "espejo", darse opinión y ayudarse mutuamente a cargar, hacer fila en la caja... y tener alguien con quien charlar.

5. No compres porque "está baratísimo". Compra porque realmente te gusta, te queda estupendo o lo necesitas. Pero si es para acumular más de lo mismo, aunque sea lo más barato que hayas comprado jamás, si no lo utilizas nunca será lo más caro de tu vida.

6. Cuidado con los juegos de palabras confusos. Promociones tales como "Tres por dos", "Dos por uno y medio", "Te devolvemos un porcentaje de tu compra" , "Te regalamos una bolsa exclusiva en la compra de..." muchas veces son anzuelos para que muerdas cual bacalao. Cierto: siempre es muy atractivo recibir algo extra además de lo que estamos comprando, pero analiza si verdaderamente es gratis... y hasta qué punto lo necesitas. Sí, en la compra de dos pantalones te

regalan el tercero, pero ¿y si sólo necesitas uno? Ya estás gastando el doble de lo que tenías pensado, y peor aún, por cosas que en un principio realmente no requieres. Pero la oferta te seduce: puedes entonces crear en tu mente la necesidad de "aprovechar la oferta" y convencerte a ti mismo de algo que de antemano no es necesario. Por otro lado, la promesa de devolverte un porcentaje de lo que gastas es un gancho para que regreses a la tienda a gastar más, ya que lo que te devuelven son vales o descuentos en futuras adquisiciones que no hacen sino garantizar que hagas una siguiente compra. Esto es bueno para el negocio, pero ¿lo es para ti? Sé cauto y no te dejes llevar por ofertas que quizá no sean de buen impacto para tu economía.

7. Si algo de lo que estás comprando requiere reparación —ajustar, teñir, alterar—, piensa en lo que te costará y súmalo al precio de la prenda que estás comprando en rebaja. A veces viene más a cuento comprar una prenda nueva que te quede de maravilla, que llevarte una rebajada a la que debes hacerle un montón de arreglos.

8. No *tienes* que ir a las rebajas. Si no necesitas nada, no se te antoja nada, entonces perfectamente puedes abstenerte.

9. Aprovecha la última vuelta. Las ofertas que más valen la pena son las del final de las rebajas, cuando las prendas están lo más descontadas que podrán estar, y aunque a veces es cuestión de suerte hallar algo que te guste y te quede, cuando sucede, te sientes la persona más feliz y más inteligente del mundo.

10. Diferencia una compra por necesidad de una por oportunidad. La primera es aquella que satisface una necesidad o un deseo inminente, de modo que sabes que la harás haya o no rebajas; la segunda es mucho más intelectual y se debe hacer con la cabeza fría. Comprar en rebajas algo que tiene un precio excelente y que *estás seguro* de que le darás uso efectivo en un futuro próximo, vale mucho la pena. Por ejemplo, si tu abrigo está hecho un trapo viejo, estabas considerando

cambiarlo y te encuentras con uno que te encanta, te queda muy bien y el precio es bueno, puedes comprarlo y guardarlo para el próximo invierno. Si sabes que tienes una boda en tres o cuatro meses y encuentras un buen traje rebajado, es inteligente llevarlo contigo. Eso es una muy buena compra de *oportunidad*.

Cuándo *no* comprar en rebajas

Supongo que lo sabrás, un poco por sentido común, después de haber leído cómo comprar en rebajas. No obstante, te lo diré igualmente. Yo soy partidario de comprar prendas a precio completo cuando algo me fascina y estoy cien por ciento convencido de lo que quiero; cuando se trata de ediciones limitadas de una marca que me encanta y me consta que sólo se han producido unas cuantas piezas y van a volar —por ejemplo, alguna pieza de la colección de *runway* de Chanel—, que a veces incluso hay que apartarlas, meses antes de que lleguen a la tienda.

Hay marcas que nunca hacen rebajas, o si las hacen, son bastante discretas. Louis Vuitton, por ejemplo, nunca las hace. Gucci ha dejado de hacerlas. Chanel y Dior ponen sólo algunas prendas y accesorios en descuento, pero se pueden contar con los dedos de ambas manos; lo mismo sucede también con otras marcas de lujo. De modo que esto es algo que debes tomar en cuenta si quieres hacerte de una prenda de este tipo: considerar que dará casi lo mismo que la compres ahora o en seis meses.

No hay que comprar en rebajas si necesitas algo con verdadera urgencia o si eres una *fashion victim* de un calibre tal, que no puedes vivir un minuto más sin los últimos zapatos de Louboutin. Compra a precio completo aquello que quieras tener ya, eso que no puede esperar, ya sea porque se agote o porque desees tenerlo contigo de inmediato. Pero una vez más, ten en cuenta la recomendación del perro viejo: compra en rebaja o a *full price* de acuerdo con tus propias prioridades, deseos y posibilidades. Si puedes comprarte sólo un par de zapatos de Gucci cada seis meses, tú decides si quieres los del momento o en unos meses más, dos pares que ya no serán los de la campaña que aparece en *Vogue*, pero que estarán igualmente hermosos. Las reglas las pones tú mismo: exacerba ese estilo tuyo con las compras que más se adecuen a tus deseos. Así como nadie debe decirte qué comprar, tampoco deben decirte cuándo hacerlo.

10. Comprar en outlets... sin enloquecer

Una de mis hermanas vive en California, muy cerca de una sucursal de Premium Outlets, la cadena de tiendas que conjunta a las marcas más potentes de moda y tiendas departamentales de lujo en Estados Unidos. Ubicados estratégicamente en las ciudades más visitadas del vecino país del norte, actualmente estos outlets se consideran un atractivo turístico más del país.

Recuerdo algo que primero me asustó, literalmente, luego me sorprendió y finalmente me llevó a la carcajada, porque se trataba de un hecho consecuente con el mundo en el que vivimos. Caminaba con mi hermana tranquilamente por el outlet, un espacio abierto en medio del desierto donde, en algunas épocas del año, puedes disfrutar de un clima delicioso. Bebíamos frapuchinos a sorbos y mirábamos escaparates cuando de pronto, un ruido desconocido e inquietante, que se intensificaba más y más, nos hizo pegarnos a la pared con bastante miedo. Por un pasillo alterno, entraban a la plaza del centro comercial una treintena de turistas asiáticos que corrían, arrojándose presurosos a las tiendas de mayor prestigio. Un autobús los acababa de dejar en la puerta y los recogería en un par de horas.

Puedo adivinar lo que muchos dirán a este respecto, y no necesariamente es bueno. Creo que los comentarios negativos que se hacen hacia las culturas asiáticas —a las que malamente ponemos en el cajón de "chinos", cuando Asia tiene una variedad de culturas y personalidades impresionante— es una mezcla de dos cosas: envidia y desprecio. Admitámoslo: hay personas que sienten un poco de envidia al ver que los asiáticos pueden comprarlo todo, muchas veces sin preguntar siquiera el precio; y luego, como consecuencia de esa envidia, los desprecian diciendo que "aunque sea carísimo, les queda espantoso".

En efecto, Asia está a la cabeza en el mundo de consumo de moda y en la industria del lujo: les guste a algunos, les disguste a otros. No es mi intención entrar en temas de economía mundial, porque hay personas que saben mucho más que yo al respecto. Sin embargo, la imagen que quiero resaltar, simplemente, es justo ésa: una horda de personas corriendo a las tiendas a comprarlo todo porque está a precio de descuento. Y recordemos quiénes eran los que arrasaban en los outlets en Estados Unidos años antes; los latinoamericanos, y en una mayoría contundente, los mexicanos.

Recuerdo la primera vez que fui a un outlet en Florida, ubicado a una hora de Miami. Iba en un viaje de trabajo y tenía un día libre. Un par de amigas que me acompañaban ya lo tenían todo planeado: "¡Venga, vamos, son súper marcas, no vas a creer los precios!", me decían, y la verdad sea dicha, no les costó mucho trabajo convencerme. Tomamos un minibús que nos recogió a las 10 de la mañana en el hotel y a las 11 llegamos al outlet. El chofer nos avisó que nos recogería en el mismo punto a las 6 de la tarde. "¿Siete horas en aquel lugar?, ¿qué voy a hacer tanto tiempo en mitad de la nada?", pensé para mis adentros. Mientras, mis dos amigas, ligeras como el viento, entraban al lugar, sólo alcancé a oírlas gritar: "Nos vemos a las 2 en el *fast food* para comer algo rápido". Enseguida desaparecieron de mi vista.

Así que me metí a aquel sitio que, de entrada, me pareció horroroso. Locales enormes con *racks* llenos de ropa, vertederos con bolsas y accesorios, cajas con zapatos expuestos y hasta desparejados... La verdad es que mi primera reacción fue de disgusto. Pero entonces, algo mágico pasó: ahí, frente a mí, estaba una tienda que ostentaba el logo de Saks Fifth Avenue con la palabra *off* al ladito. Saks había sido siempre una de mis tiendas favoritas, aunque no siempre podía darme el lujo de comprar ahí. Al entrar al local en cuestión, mis ojos adquirieron un brillo emocionado y mi corazón comenzó a latir más fuerte. Valentino, Zegna, Hugo Boss, Missoni y muchas otras marcas a las que sólo podía acceder después de un ahorro muy largo estaban ahí a precios que no podía concebir. Claro que me asaltaron pensamientos como "¿Serán originales?" y "Seguro son defectuosas". Pero no: simple y llanamente eran prendas de temporadas pasadas, lo que para un traje de hombre o una camisa, la verdad importaba bastante poco. Luego fui a los accesorios, las bolsas, los zapatos, ¡los perfumes! Todo a 50, 60 o 70 por ciento de descuento, y descuento sobre descuento o vales para próximas compras. Así fui recorriendo casi todas las tiendas que me interesaban. Las manos no me eran suficientes para cargar las bolsas de compras. Estaba extasiado, enloquecido.

Un retortijón de hambre en el estómago me hizo recapacitar en la hora: las 4 de la tarde. "¡Maldita sea!", me dije, recordando que había quedado de encontrarme con mis amigas a las 2. La verdad es que la angustia me duró poco cuando camino al *fast food* me topé con el outlet de Barneys. "Bueno —dije para mí—, seguro ya se fueron de todas formas. Las veré a las 6 en el autobús." Seguí comprando hasta el último momento, corrí por un hot dog y llegué al minibús cuando estaba a punto de irse. Sólo una de mis dos amigas estaba allí; la otra, supimos más tarde, decidió quedarse hasta que cerraran el centro comercial y volver a Miami en taxi, cosa que le costó un dineral, pero, según sus propias palabras, "valió absolutamente la pena".

A partir de ese momento, mis experiencias en outlets han sido innumerables. He hecho cosas tan estúpidas como comprar lámparas o edredones cuyo transporte me costó más que el precio que pagué por ellos. Un día se me ocurrió llevarme un juego de copas de cristal cortado que, por más etiquetas de frágil que le pegaron a la caja, llegaron hechas pedacitos. Claro está que también he adquirido cosas espléndidas, muchas de las cuales aún conservo y uso. He vivido momentos sublimes, como cuando, en un outlet en Milán, hallé unos zapatos Prada que había buscado por todas partes. Ahí estaban: de mi número y con 75 por ciento de descuento; unos zapatos por los cuales iba a pagar tres veces más tan sólo cuatro meses antes. He vivido momentos de tristeza al encontrar, por ejemplo, un vestido de Dior creado por John Galliano que había tenido la oportunidad de ver en una pasarela en París portado gloriosamente por Kate Moss; y ahí, en el outlet, un año más tarde, el mismo vestido colgaba en un rincón, revolcado, sucio de los bajos y con una etiqueta cuyo precio humillaba su pasada grandeza. Sí, los outlets son un lugar de oportunidad, pero también suelen ser el cementerio adonde van a morir las tendencias de moda que alguna vez idolatramos.

En fin. Experiencias como ésas habremos tenido muchos, sin lugar a dudas. Volverte loco ante un descuento jugoso; comprar cosas para regalar, por encargo, por si "llegan a hacer falta" o hasta para revenderlas, un momento así, lo hemos vivido casi todos. Y ni hablar de comprar maletas extra y tener que pagar el costo por documentarlas o dolorosos recargos por los excesos de equipaje. No obstante, de todo se aprende, y ahora puedo decirles que soy un experto comprador en outlets, porque si aplicas ciertas reglas, un poco de estrategia y algo más de sentido común, harás que tus compras valgan mucho más la pena.

Antes de cruzar el umbral...

Generalmente, la visita a un outlet es algo planeado, pues están ubicados fuera de las ciudades y lejos de sus principales centros de comercio, por una razón muy simple: los comerciantes siempre preferirán que compres una prenda a precio lleno a que la compres descontada. Si supieras que en una calle está tu tienda favorita y a dos cuadras está su outlet, ¿adónde irías primero? La respuesta es bastante obvia. Y a pesar de que en ciudades como Hong Kong, Los Ángeles o Nueva York los outlets conviven bastante de cerca con las boutiques de firma y departamentales, acceder a ellos requiere de un esfuerzo extra, una "excursión". Pero tómalo como una ventaja, porque te obliga a planear bien tu visita y sacarle el mejor partido posible. Analiza los siguientes factores:

1. Ubicación del outlet

Si está cerca de la ciudad en la que vives, entonces las cuestiones de espacio y peso no serán un problema para ti, porque irás en coche o en un autobús que es más adecuado para cargar todo tipo de paquetes. No obstante, si el outlet está cerca de una ciudad en la que estás de paso, por vacaciones o trabajo, entonces tienes que pensar muy bien lo que vas a comprar sin que se vuelva un problema posterior. En estos casos, viaja con poco equipaje o incluso lleva una maleta vacía que uses sólo para cargar lo que planeas adquirir; de esta manera estará dentro del peso de equipaje que permite la aerolínea, o bien, aunque haya que pagar una maleta extra, el gasto será menos oneroso y además ya lo tendrás previsto.

2. Lo que necesitas... y lo que quieres

Haz un plan y trata de apegarte a él. Cuando estaba por nacer una de mis sobrinas, me ofrecí para comprarle toda la ropa de recién nacida que necesitaba, ya que tenía un viaje próximo a Estados Unidos. Llevaba una maleta vacía para la causa... y la llené de inmediato. Quise comprar cosas para mí, pero excedía el peso y no tenía donde llevarlas. Me quería dar un tiro, pero había hecho una promesa y tuve que cumplirla. Esto me ayudó a entender que cuando permanecemos firmes ante un plan, las cosas salen como deben salir: no pagué exceso de equipaje, y mi sobrina tuvo un guardarropa que, comprado en México a precio lleno, hubiera costado cinco veces más.

De modo que si buscas algo realmente necesario, primero date a la tarea de hallarlo. Una vez que lo consigas, si el espacio, tiempo y plan te lo permiten, cómprate todo lo demás que te guste. Si vas a un outlet sólo por ver qué te encuentras, entonces estará involucrado más el gusto que la necesidad... y esto puede ser peligroso. ¿Por qué? Porque en esa situación podemos dar rienda suelta a nuestros impulsos y gastar en un montón de cosas que no necesitamos. Para que no te suceda, toma en cuenta lo siguiente:

a) Recorre una a una todas las tiendas que te interesen. Busca, pruébate cosas. Y si algo te fascina y sientes que tienes que comprarlo en ese momento... no lo hagas. Déjalo apartado. La mayoría de las tiendas suelen reservar algunas prendas por un par de horas para los clientes. Si en ese lapso el cliente no regresa por ellas, las vuelven a poner a la venta y nadie sale perjudicado.

b) Cuando hayas visto todas las tiendas que te interesan, cosa que tomará dos o tres horas, siéntate a tomar un café y haz un repaso de las cosas que te han gustado y que has dejado apartadas en las tiendas. Créeme: la distancia y el tiempo, aunque sean breves, ayudan a ver todo con menos pasión y a que el impulso se apacigüe. Entonces puedes distinguir con mayor claridad y perspectiva las prendas que te quieres comprar, si realmente te hacen falta, si verdaderamente las adoras y, más importante aún, si vas a usarlas. Aunque no lo creas, muchas personas compramos por la vista, porque vimos una prenda en una revista o en alguien a quien le lucía espectacular... y resulta ser que a nosotros nos queda como un espanto. Aunque en el vestidor del outlet, con el *rush*, con el precio descontado y el entusiasmo, quizá no podamos verlo tan claro.

c) Finalmente, si ya decidiste, ve a la tienda, recoge tus prendas y disfruta de esas piezas que has elegido con el corazón, pero que también con la cabeza. No hay mejor combinación para comprar moda que ésa.

3. ¿Muchas cosas baratas o unas cuantas costosas?

Con los años me he vuelto un comprador más concienzudo. He usado, y sigo usando, todo tipo de prendas: desde las rematadas en un cajón al fondo de la tienda hasta piezas de diseñador por las que he dejado de pagar la renta. He hecho locuras de las que me he arrepentido... y muchas otras de las que estoy orgulloso. Y curiosamente, algo que he lamentado con el paso de los años es el hábito de comprar un montón de baratijillas y prendas de muy baja calidad —sólo porque estaban muy rebajadas— que ocuparon espacio en mi maleta, usé una o dos ocasiones y luego regalé o tiré porque se me pasó el gusto o dejaron de lucir bien. Recuerdo que durante el boom de H&M en Estados Unidos y Europa, cada vez que tenía oportunidad de comprar ahí volvía a México con las maletas llenas de ropa, mucha de la cual usé un par de veces solamente. Y no me malinterpreten: no minimizo el valor de esta marca y sigo consumiéndola cotidianamente, pero con frecuencia tienes que dar un paso atrás y ver las cosas con un poco de perspectiva. Hace unos años, mientras hacía fila para comprar la colección de Versace para H&M en Hong Kong, repasé mi lista de las cosas que quería llevarme. Cuando sumé los precios de los artículos, me di cuenta, con sorpresa, de que con lo que pagaría 5 o 6 prendas de esta colección de *fast fashion* me alcanzaba para ir a Versace y comprarme una sola cosa, pero de primera línea. Hoy perduran en mi clóset las prendas en las que he invertido un poco más, y muchas de las de *fast fashion* son ahora sólo un recuerdo, porque me he ido deshaciendo de ellas periódicamente.

Aquí entra en juego la decisión de cada uno: cantidad o calidad. Ambos caminos son válidos y respetables. Yo prefiero ir a un outlet y comprarme un buen par de zapatos de las marcas que me fascinan —que muchas veces no puedo pagar a precio completo— que tres o cuatro pares de zapatos de marcas de bajo costo que van a verse bien por tres o cuatro puestas.

Alguna vez leí en una revista de chismes que un paparazzi había encontrado *in fraganti* a la *top model* Linda Evangelista comprando en Walmart, cadena de supermercados famosa por su política de precios bajos. Al ser cuestionada por ello en una entrevista, la modelo respondió: "No se puede ir vestida de diseñador a todas horas; ¿qué hay de malo en comprar ropa básica a buen precio?". Cuando la entrevistadora le respondió que con lo que ella ganaba podía ir a mejores lugares que Walmart, la Evangelista respondió: "Nunca se es demasiado rica para comprar barato". Y con eso le calló la boca a su interlocutora. Es verdad: comprar con descuento ya no es un secreto que no queremos confesar a nuestros amigos. Hoy día el mundo entero adquiere prendas a precio completo y otras en rebaja. Quizá sólo los esclavos de la moda, o aquellos con un saldo en su cuenta bancaria que parezca número telefónico, se puedan dar el lujo de comprar cualquier cosa de temporada y en ese momento —lo quiero todo y lo quiero ya—, sin ver siquiera la etiqueta del precio, uno de mis sueños, dicho sea de paso. Pero el resto de nosotros, los que necesitamos ser un poco más cautos con nuestras finanzas, debemos comprar con más estrategia. Y si para tener una bolsa Chanel hay que ahorrar en otros rubros, pues se compra en outlets o rebajas. Y nadie va a juzgarte por ello.

Siete ideas que debes poner en tu cabeza cuando compres en un outlet

- No comprar nada *sólo* porque es barato.
- Una "súper oferta" sólo vale la pena si lo que estás comprando está listo para usarse. Si necesita arreglo o reparación, ya no es una oferta.
- Si compras contrarreloj, haz un plan para que tus adquisiciones sean eficientes.

- Si la prenda en la que vas a invertir es costosa y no estás cien por ciento seguro, date la oportunidad de meditarlo un poco.
- No compres prendas con una idea abstracta de ellas, es decir, considera que lo que compres debe armonizar con el resto de tu guardarropa.
- "Bonito" no es lo mismo que "bueno": lo primero responde al gusto, y lo segundo a una necesidad. Si los identificas con claridad, tus compras serán más asertivas.
- Lo caro no siempre es superior, ni lo barato es siempre malo. Aprende a reconocer la calidad de lo que compras: material, acabados, forma... Si la prenda que quieres tiene un buen nivel de todo lo anterior, entonces valdrá el precio que pagarás por ella.

11. Moda que no está de moda: comprar vintage

I'm wearing second hand hats,
Second hand clothes,
That's why they call me
"Second Hand Rose".

GRANT CLARKE,
"Second Hand Rose"

———————

EL CONCEPTO DE MODA VINTAGE, TAL COMO LO CONOCEMOS HOY DÍA, SE PUSO de moda en los años noventa, cuando vestir prendas no sólo viejas, sino que alguien más ya había usado, dejó de ser un hecho casi vergonzoso y se convirtió en una tendencia de moda cool. Las páginas de *Vogue* o *Harper's Bazaar* mostraban, orgullosas, a las celebridades con trajes de otras épocas y que antaño fueron de alguien más. Antes de ese tiempo, la ropa usada de otras temporadas no se llamaba vintage, sino de segunda mano. Y vestir con ella no era un orgullo, sino más bien algo que la gente prefería ocultar, por las connotaciones sociales que conllevaba.

Mi abuela Eugenia, la madre de mi madre, me contó alguna vez que cuando

era joven —allá hacia finales de los años cuarenta— una amiga llegó a visitarla con el abrigo más impresionante que había visto: de visón beige amarrona-
do, con un cuello que hacía ver la cabeza como saliendo del capullo de una
flor —por lo menos así me lo describió. Mi abuela lo tocaba con delicia mientras su amiga se esponjaba como un pavo real. Cuando mi abuela le preguntó
quién se lo había regalado, ella respondió que se lo había comprado con su
propio dinero. La abuela la miró desconfiada y, claro, pensó lo peor. Su amiga, que vivía en un "quinto patio", como dice la canción, no tenía tanto dinero
para invertirlo en una pieza tan extremadamente costosa como aquella. Así
que mi abuela la confrontó: "Venga, dime la verdad, ¿quién te lo dio?, ¿cómo
lo obtuviste?". Viendo que la abuela comenzaba a imaginarse cosas que no
eran, su amiga no tuvo más remedio que decirle la verdad: era un abrigo de
segunda mano que le había costado casi nada. La abuela, tan emocionada
como intrigada con la revelación, le pidió que la llevara a donde lo había comprado para ver si ella podría comprarse uno parecido. Y en eso quedaron.

Un par de semanas más tarde, las dos mujeres decidieron emprender la
aventura de comprar prendas de segunda mano. Su amiga la había citado a las
6:30 a.m. en un punto de la ciudad, y de ahí se irían de compras. La abuela
no entendía por qué había que ir tan temprano, pero, picada por la curiosi-
dad y con tantos deseos de un abrigo, dejó sus dudas en segundo término.
Llegaron a una calle, muy de barrio, en el centro de la ciudad. Ahí estaban
las dos, con frío y rodeadas de un grupo de mujeres y hombres que, como
ellas, iban también a ver qué encontraban. Ingenua, mi abuela preguntó: "¿Y
a qué hora abren la tienda?", y una señora detrás de ella soltó una risita bur-
lona: "No es una tienda. Espera y verás". Unos minutos más tarde, un grupo
de chicos en una camioneta se estacionaba frente a ellas. Después de salu-
dar cortésmente, abrieron la cajuela, donde se encontraban amontonados
abrigos, estolas, sombreros y algunas chaquetas de hombre. Y comenzó la
rebatinga. Cuando los compradores encontraban algo que les gustaba, iban
con los chicos y negociaban el precio. Entre regateos, jalones y "yo lo agarré
antes", la mercancía de la cajuela se esfumó en no más de 15 o 20 minutos.

Mi abuela encontró ahí una pieza que la volvió loca: un chaleco de piel de leopardo. Buena para el regateo, comenzó a presionar a los chicos para obtener un buen precio. Ella, que se había fijado una cantidad y no pensaba moverse de ahí, por un momento temió quedarse sin su precioso chaleco. Pero, como era la última clienta que quedaba y parecía que los chicos de la camioneta tenían prisa por irse, terminaron cediendo, tomaron el dinero y se fueron casi de inmediato.

¡Ay, qué feliz estaba! Nunca había tenido una pieza tan linda. La colgó en su ropero y cada que se acordaba iba a acariciarla un poco… y cada vez que lo hacía, un aroma de perfume caro llegaba hasta su nariz. Cosa rara, pero ella suponía que era parte de la embriaguez que le producía la prenda. Unos días más tarde, un amigo fue buscar a mi tío, que había salido. Mientras lo esperaba, mi abuela ni tarda ni perezosa, le enseñó su nueva adquisición. Cuando le contó cómo había comprado su chaleco, él se rio y la sentó en un sillón para contarle una pequeña historia. Él, que era mesero en un restaurante *posh* de aquella época, sabía que cuando la gente olvidaba prendas en los guardarropas de los restaurantes, clubs y cabarets, y éstas no eran reclamadas durante los días posteriores a su abandono, eran vendidas por bandas. Así, los encargados de los guardarropas y los vendedores se dividían las ganancias y el negocio era redondo. Mi abuela estaba lívida y no podía creerlo. Ahora todo encajaba: la hora, que la mercancía estuviera en una cajuela, que los vendedores quisieran irse tan pronto del lugar donde hacían la venta. Inocente palomita.

"Entonces, ¿mi chaleco es robado?", preguntó mi abuela con total sorpresa al amigo de mi tío. Él matizó su respuesta: no eran prendas literalmente robadas, porque no se las quitaban a nadie. Simplemente, al ser olvidadas y no reclamarse, alguien más sacaba partido de ellas. Claro, la abuela aún se sentía culpable por poseer algo cuya dueña no había desechado de manera voluntaria. Su amigo la tranquilizó diciendo que ochenta por ciento de las prendas olvidadas no solían ser reclamadas. Y que, seguramente, la mujer que era dueña de su chaleco tendría otros tantos abrigos que no le harían extrañar éste.

Con todo, la abuela no estaba conforme y tuvo el impulso de devolver el famoso chaleco. Claro, había que ver a dónde y con quién. Al final, se dio por vencida y aceptó la prenda como suya cuando asumió que lo había comprado de forma inocente, sin conocer su procedencia. Aquí aprendió dos lecciones: que sólo debía comprar ropa de segunda mano en tiendas o puestos establecidos, y que aquel chaleco le quedaba de maravilla y lo usaría por muchos años... Tantos, que hasta yo mismo llegué a usarlo: es aquel chaleco de la anécdota con la que abro mi libro anterior, *El libro del estilo*, el que me puse para dar un "toque fashion" a mi uniforme de la secundaria y que me valió la crucifixión social... y el inicio de mi búsqueda de estilo.

En fin, hasta donde yo recuerdo, usar la ropa de alguien más era de todo, menos *fashion*. Como ustedes, mis respetables lectores, tienen edades variadas, no dudo que alguno haya tenido que vivir la ignominia de heredar ropa de sus hermanos mayores, de sus primos o de alguna alma caritativa que pensaba en nosotros cuando quería deshacerse de algo. ¡Vamos, yo lo viví! Si bien en aquel momento no me encantaba aquella situación, hoy, con cierta perspectiva, le encuentro cierto encanto. Por ejemplo, cuando en los años ochenta mi padre se deshizo de su primer lote de trajes —prendas de *circa* los sesenta y setenta—, reciclé sus chaquetas cuatro tallas más grandes que la mía y feliz me las ponía con camisetas, jeans, shorts o pantalones baggy, un sombrero y decenas de broches en la solapa. Y mucho antes de que a Martin Margiela se le ocurriera la idea. ¡Ja! Entonces, el reciclaje de prendas comenzó a tomar un nuevo sentido: ya no estaba mal visto que usaras algo que no fuera tuyo, si tenía "rollo" o si lo combinabas bien. Los mercados de antigüedades, que antaño sólo eran visitados por amantes del arte y por personas modestas que buscaban ropa de segunda mano, comenzaron a convertirse en un centro de distribución de ropa y accesorios cool en México y el mundo entero: nosotros teníamos nuestra Lagunilla, los ingleses su Portobello y París su Saint-Ouen. Ahí ibas a buscar prendas extravagantes, diferentes, que usabas tal cual o reformabas. Objetos inéditos e inesperados.

¿Por qué nos atrae el pasado? Revoluciones y evoluciones

Los sociólogos aseguran que esta revalorización de lo vintage es consecuencia de la cultura posmoderna, en la cual nos cuesta trabajo hallar estímulos del tiempo que vivimos, por lo que los buscamos en elementos de otra época. Esta aseveración tiene mucho sentido: ¿cuántas veces no hemos oído la frase "Todo tiempo pasado fue mejor"? No sólo de boca de nuestros padres y abuelos, sino incluso por gente bastante joven. Me impresiona sobremanera escuchar a los milenials decir en sus redes sociales que se sienten viejos por rondar los treinta años. Es curioso, porque quizá para muchos de ellos no haya vida más allá de la juventud. Pero para quienes asumen que después de la infancia y la adolescencia llega un largo periodo —¡gracias a Dios!— llamado edad adulta que precede a la temida vejez, se darán cuenta de que en él hay mucho que vivir... y también mucho que añorar. Pero éste no es un fenómeno privativo de nuestro tiempo: la nostalgia por el pasado ha existido desde siempre. ¿Vieron la película *Midnight in Paris*, de Woody Allen? El cineasta retrata perfectamente este sentir: un personaje tiene la oportunidad de viajar a un pasado que añora, donde se encuentra gente que, a su vez, añora su propio pasado. La moda, especialmente desde la segunda mitad del siglo xx, siempre ha bebido de las fuentes de la nostalgia.

Haciendo un repaso general de la moda del siglo pasado, observamos que sus cambios se producen por medio de dos fenómenos: *revoluciones y evoluciones*. La primera revolución fue la liberación del exceso en el vestir femenino que consiguiera Coco Chanel a partir de 1916. La evolución vendría entonces partiendo de las bases que ella sentaría: prendas cada vez más versátiles y relativamente sencillas que llegaron hasta su mínima expresión en los primeros años cuarenta —debido a la escasez de textiles—, durante la Segunda Guerra Mundial. La siguiente revolución llegaría con el New Look de Christian Dior en 1947, que ofrecía un nuevo maximalismo, más fácil de llevar que el del siglo xix, y que volvía a abrazar la fibra más femenina de la mujer, evolucionando hacia la moda que reinaría en los cincuenta. A partir de entonces, las revoluciones serían más frecuentes: los sesenta, con el futurismo representado por Pierre Cardin, Paco Rabanne y André Courrèges, que alteraba la silueta ofreciendo novedosas formas gracias a la inclusión de nuevos textiles como el poliéster o materiales como el vinilo. ¡Y qué decir del hipismo! Pero a partir de los años setenta, el pasado nos volvió a pasar. Yves Saint Laurent, para su famosa y controversial colección Scandale de 1971, se inspiró en los años de la ocupación Alemana en Francia, y aunque los franceses lo tomaron como un insulto, los vanguardistas reconocieron el gran acierto estilístico del diseñador, quien estaba abriendo la brecha a las tendencias de moda que vendrían en los años siguientes. Desde ese momento, mirar hacia atrás en búsqueda de inspiración es algo que la moda suele hacer y, por lo visto, seguirá haciendo.

Así, revalorizaciones y reestilizaciones de los momentos luminosos de otras épocas dominan las tendencias de nuestro tiempo, buscando, al mismo tiempo, crear nuevos momentos luminosos. Lo dicho: no hay nada nuevo bajo el sol.

El vintage

Entendamos algo importante antes de continuar: no toda la ropa vieja es vintage. Ya lo dije en otro de mis libros, pero me parece importante destacarlo. Aunque los criterios para determinar una prenda vintage se han ido suavizando y replanteando —hoy, unos jeans Levi's de los setenta y ochenta son considerados vintage—, usualmente tienen que considerarse estas características:

a) *La época de producción.* Los más puristas consideran vintage una prenda que tiene más de veinte años de antigüedad. Hay quienes dicen que lo son sólo aquellas prendas originadas de los años sesenta a los ochenta. Y hay quienes, como yo, piensan que cualquier prenda que tenga más de diez años de edad ya puede considerarse vintage. Yo tengo accesorios de Chanel de 2005 que en cualquier lugar son reconocidos como vintage, lo cual confirma mi teoría.

b) *La firma.* Por supuesto que una prenda firmada por una casa importante, léase Dior, Vuitton, Chanel, Hermès, Valentino o Lacroix, que tenga la edad mencionada arriba, se considera vintage.

c) *La época.* Hay ciertas piezas no necesariamente de diseñador, pero que son muy representativas de un momento histórico y que pueden considerarse vintage. Por ejemplo, un vestido psicodélico de los años setenta, un saco con unas hombreras de miedo de los ochenta, un uniforme militar, un traje de noche de los cincuenta, un jaqué de los cuarenta...

d) *El valor.* Las prendas vintage pueden tener un valor incluso más alto que el que tuvieron en su momento. Esto depende de varios factores: su estado, su singularidad y su demanda. Una pieza de colección en muy buen estado, que sea objeto del deseo de mucha gente, puede alcanzar precios estratosféricos. Por ejemplo, al volverse viral una imagen de la cantante Rihanna portando unos lentes de Chanel de los años ochenta durante una de sus apariciones, el precio de estas gafas se disparó y llegaron a venderse hasta por 3,000 dólares en eBay. Pero no todo lo vintage es impagable: hay muchas piezas maravillosas a precios razonables, y siempre existe la posibilidad de encontrar una ganga, de ésas que sólo aparecen una vez en la vida.

Cómo y dónde

Con lo que te conté arriba ya tienes una idea más cercana de lo que es el vintage en moda. ¿Cuál es la diferencia entre un Jean Paul Gaultier de 1989 y un Zara de 2003? Que el primero es vintage, el segundo es sólo una prenda vieja. ¿Está en buenas condiciones y sigue viéndose bien? Perfecto, pero sigue sin ser vintage. El valor intrínseco de lo vintage se lo da específicamente su autoría, su valor histórico. Quizás algún día alguien encuentre en una bodega piezas de la primera colección de Zara. Entonces, sí podrán considerarse vintage, porque tendrán el valor histórico de ser las primeras prendas del fenómeno *fast fashion*. Pero hasta que eso suceda, serán simplemente piezas de otras temporadas; no tienen nada de malo, simplemente no son vintage.

Si quieres ser un buen comprador de ropa vintage, tienes primeramente que poner en tu cabeza una imagen de ti mismo, hacer corpórea la idea de tu estilo. Mira cómo vas vestido, haz un repaso mental de tu clóset. Recuerda quién eres, a qué te dedicas, cuál es tu estilo de vida. Por más que te parezca seductora una chaqueta de cuero de Versace llena de alfileres y estoperoles o chinchetas, si trabajas en una oficina y tu estilo, aún para salir o de fiesta, es más bien discreto, lo más probable es que no la uses. Aquí podría aparecer algún listillo que me espete: "Pues si la chica en cuestión es oficinista y de gustos sencillos, ¿por qué querría comprarse una pieza tan extrema?", y seguramente tendría razón. Pero el shopping a veces no tiene lógica, y la mayoría de las personas que gustamos de este tipo de prendas muchas veces caemos más por su belleza que por su utilidad. Lo digo por experiencia. En mis primeros años de *vintage shopper*, por llamarlo de alguna manera, visité cualquier cantidad de mercados ambulantes, tiendas de antigüedades y de ropa de segunda mano. Mis primeras compras eran producto de la sorpresa, de la descarga de adrenalina de haber hallado algo muy especial. En la Lagunilla llegué a encontrar bolsas de Dior, gafas de Courrèges, alguna cosita de Chanel... o vestuario muy interesante, como una chaqueta de torero bastante maltratada o un sombrero de ala ancha para hombre de los años cuarenta. Ahora, pregúntenme cuántas de estas cosas usé realmente y cuántas adquirí por coleccionar. Digamos que una proporción de 20/80 respectivamente. Pero en este particular caso, justo el que expongo en este libro, el coleccionismo no es mi interés central, sino que las prendas vintage tengan una función práctica y real en tu vida. Si las quieres coleccionar después, adelante. Pero por ahora, quiero decirte cuáles son los aspectos que debes tomar en cuenta para saber si la prenda vintage que estás comprando vale o no la pena para ti.

¿Original o fake?

Ésta es una duda que nos puede asaltar a todos, más aún si la prenda que estamos comprando es de firma importante y su precio es alto. Aquí te recomiendo lo siguiente:

- Si es la primera vez que compras vintage, pide a algún amigo que sepa del tema que te acompañe y oriente.
- Fíjate muy bien en las etiquetas de la ropa, los sellos dentro de las piezas de bisutería, los grabados y etiquetas dentro de las bolsas, los acabados de las prendas, las costuras y la calidad de los materiales. Eso ayuda bastante.
- Averigua sobre los códigos de manufactura de las marcas *top*, como Chanel, Vuitton o Hermès. En YouTube hay una serie de tutoriales de expertos que explican cómo puedes distinguir una bolsa falsa de una original: la disposición de sus elementos, los herrajes —importantísimos: es donde una bolsa falsa literalmente enseña el cobre—, el tacto de la piel, etcétera. Y aunque la mayoría de las imitaciones suelen hacerse en accesorios, también pueden darse en ropa, aunque son mucho menos frecuentes.
- Si el precio que te dan es ridículamente bajo, cuidado, porque muy probablemente te estén vendiendo una pieza falsa. Ya lo dije antes: si algo parece muy bueno para ser verdad, probablemente no lo es.

El lugar donde compras

Esto hace una gran diferencia. No es lo mismo comprar vintage en un puesto de la calle que en un comercio establecido que te ofrezca garantías. Es verdad que en un mercado de pulgas puedes encontrarte una verdadera joya, y sí, a veces por un precio ridículo, cuando quien vende no sabe lo que está vendiendo. Pero para conseguir esto, tienes que ser un verdadero experto y tener un ojo de halcón para reconocer el diamante en medio de la chatarra. Si no es tu caso, entonces limítate a comprar en mercadillos piezas diferentes u originales —una camisa militar, unos aretes de los ochenta— donde sientas que pagas lo justo.

Si tu intención es comprar vintage de alta calidad, hay tiendas alrededor del mundo especializadas en ello. Una de las más famosas se encuentra en París: Didier Ludot. Ubicada en la Plaza del Palais Royal, es una tienda legendaria donde estrellas del espectáculo y fashionistas de todo el mundo vienen a buscar prendas únicas. Y las encuentran, pero a precios que sólo pueden pagar millonarios. Eso sí: lo que encontrarás ahí son piezas casi de museo y que, sin ningún lugar a dudas, son originales. De hecho, la ciudad de París está llena de tiendas de ropa vintage para todos los bolsillos: desde las de gran exclusividad hasta aquellas donde puedes adquirir una divertida chaqueta militar por 5 o 10 euros. En Estados Unidos, tiendas como Resurrection en Los Ángeles o Star Struck en Nueva York ofrecen desde piezas de diseñadores de renombre hasta colecciones de creadores locales que a veces son verdaderamente fascinantes. En México, tiendas como Village Plaza Boutique también ofrecen piezas de diseñador a precios razonables.

¿Online? ¡Por supuesto! Una de mis webs favoritas para comprar vintage es Vestiaire Collective, tienda francesa donde puedes comprar de todo: desde Hermès hasta Topshop. El precio de envío es bastante razonable y además tiene un plus: cuenta con un equipo de especialistas que antes de enviarte la pieza certifican su buen estado, y mejor aún, su originalidad. The RealReal es una web norteamericana que ofrece desde ropa hasta joyería fina garantizada, y como buen sitio estadunidense, tiene constantemente promociones, buenos descuentos, envíos gratis o hasta bonos por compra. En México me encanta Troquer, una tienda de segunda mano y vintage donde puedes no sólo comprar, sino también vender piezas que ya no uses. Los precios son razonables y sus piezas tienen garantía de autenticidad.

Calidad y estado de las piezas

Considerando que una pieza vintage es usada, se sobreentiende que tiene cierto desgaste que le han dado el uso, el tiempo y su almacenamiento. Su valor radica en quién la diseña, qué tan buen uso se le haya dado y lo correctamente que haya sido conservada durante los años. Las piezas que provienen de lugares con poca humedad, sin mascotas, sin personas fumadoras, son mucho más apreciadas, porque, de entrada, no tendrán malos olores, manchas, moho, óxido y otros factores que deterioran una prenda. Si ha sido guardada correctamente, conservará su forma y su caída. Cuando compres una prenda vintage, revisa las costuras, los cierres y botones, los adornos en caso de tenerlos. Huélela y tócala para ver si no percibes algo fuera de lo normal. Una prenda con tufo profundo a guardado o a humedad es muy difícil de desodorizar; sin embargo, una que sólo huele al material o tiene apenas un leve aroma a encierro, con un poco de ventilación puede quedar fresca y sin olores desagradables. Si la pieza —especialmente en el caso de bolsas o zapatos— tiene una textura pegajosa, es mejor que no la compres; esa sensación en el charol o las lonas plastificadas significa que la película plástica que las recubre se ha descompuesto, y eso ya no tiene arreglo: es el inicio del fin. A menos que la sensación sea mínima —cosa que se remedia con ventilar y usar—, mejor no te metas en ese lío.

Dado que lo vintage tiene un costo que va de acuerdo a su condición, los vendedores más profesionales de eBay —los asiáticos mayormente— tienen una tabla para calificar una pieza que va desde "Como nueva" hasta "Basura" —literal—; entre estos dos extremos hay varios matices intermedios. Muchas personas gustan de comprar prendas en mal estado y repararlas, porque así hacen negocio revendiéndolas a un precio mucho más alto del que pagaron por ellas. Hay algunas que sólo necesitan arreglos mínimos —que cuestan poco y hacen que tu compra realmente valga la pena—, y hay artículos que ya están listos para que los uses. Obviamente, en este rango de posibilidades, el precio puede variar enormemente. Cuando compres online una prenda vintage, asegúrate de que exista la posibilidad de devolución, porque si tu compra no coincide con la descripción que te dieron, tendrás la oportunidad de devolverla y no perder tu dinero. Aunque si haces los pagos con PayPal, estarás protegido contra estafas.

Ahora te doy siete tips infalibles para que te vuelvas un comprador y conocedor profesional de vintage:

1. *Cuando compres una pieza costosa —bolsa, zapatos, ropa—, llévala con alguien que te dé su punto de vista o a la boutique de la marca a la que pertenece tu prenda.* Yo, por ejemplo, cuando compro una pieza vintage —digamos Prada— la llevo a la boutique a que le den servicio, la limpien o la acondicionen. No todas las marcas lo hacen, pero las que sí, te dirán de inmediato si tu bolsa es original o no.

2. *Cuidado con las etiquetas "prestadas".* Algunas de las grandes firmas suelen hacer ventas especiales de saldos de forma exclusiva y para un grupo selecto de personas. A todas las prendas que venden, en su mayoría les cortan, tachan o eliminan las etiquetas para proteger el prestigio de la marca; pero en casi todos estos casos, las prendas hablan por sí mismas: su calidad, el material o los elementos de la casa que son muy reconocibles. Por el contrario, muchas personas que venden "vintage" pegan una etiqueta de una firma importante en una prenda común y corriente para engañar al comprador. ¿Cómo darte cuenta? Por la calidad, por la hechura de la prenda, por las costuras y acabados. Y si la etiqueta se ve rara, mejor no te arriesgues. Cuando hay duda, es que no la hay.

3. *Los artículos promocionales.* Muchos listillos tratan de vender artículos promocionales —los famosos regalos por la compra de los perfumes— como piezas originales de la marca. Y si bien se trata de accesorios bien hechos, su nivel de calidad es bastante "batallero". ¿Cómo identificarlos? La mayoría de las veces, justo al lado del nombre del diseñador, encontrarás las leyendas "Parfums", "Cosmetics" o "Beauté", lo que indica, sin duda, que es un regalo por compra. Si lo quieres comprar, adelante, sólo hazlo con la conciencia de que no es algo con la calidad de la marca, sino un artículo promocional.

4. *Los originales del pasado.* Antaño, muchos grandes nombres otorgaron licencias para la manufactura de sus productos en otros países, como

Christian Dior, Gucci, Pierre Cardin, Fendi, Cartier —en la rama de peletería— y Givenchy, entre otros. A pesar de que los manufactureros seguían los controles de calidad y lineamientos de la casa matriz, los niveles de hechura podían variar mucho de un país a otro. Con el tiempo, la mayoría de las casas ha ido recuperando las licencias para tener control de la calidad de sus prendas. Por tanto, en el mercado existen muchas piezas fabricadas por licenciatarios, que aunque no son falsas, sí tienen variaciones de calidad respecto a las realizadas por la casa matriz. Por ejemplo, la marroquinería hecha con la lona Dior Trotter —esa que John Galliano volvió a la vida en los noventa y que ahora Maria Grazia Chiuri ha retomado— abunda en las tiendas vintage porque hubo una gran producción de esas piezas. Las encontrarás hechas en México, Turquía, Italia, Francia y muchos otros países. Y claro, los precios fluctúan, de acuerdo a la condición y estado de las piezas, más que porque sean de Dior.

5. *De acuerdo con la tendencia es el precio.* O dicho de manera coloquial: "Según el sapo es la pedrada". El mercado del vintage actualmente se puede mover más por tendencias que por gustos personales. Con la vuelta de lo hippie, las piezas originales de esa época han cobrado más demanda y, por ende, más valor. ¿Lo inteligente? Compra piezas en buen estado que te gusten y se te vean bien. Eso es lo más importante, porque responderán más a tu estilo personal que a una moda pasajera. Aunque claro, si quieres comprar algo *trendy*, no te voy a culpar por ello.

6. *Que la reparación no te salga más cara.* A veces, hay piezas vintage que pueden necesitar reparación o modificación si se trata de una talla que no te va bien. Haz un alto y piensa si, como diría mi abuela: "Te va a salir más caro el caldo que las albóndigas", es decir: si la compostura será mucho más alta de lo que pagarás por la prenda. Por ejemplo, hace poco compré un clutch de Chanel en buenas condiciones, salvo porque al quedarse mucho tiempo en el escaparate de la tienda, el sol lo decoloró de un lado. La bolsa estaba a muy buen precio, pero con

lo que costaría la reparación, ¿qué tan rentable sería la compra? Hice cuentas y al final sí, aún con la reparación la bolsa era una gran adquisición, porque en el mercado, modelos parecidos estaban al doble de precio. Si la pieza que quieres comprar, aún con reparaciones o arreglos, sigue siendo una ganga, no lo dudes y hazte de ella.

7. *Que no te den algo envejecido en lugar de antiguo.* Especialmente en los accesorios, hay muchos objetos que se fabrican con un estilo "antiguo", oxidados, con pátina de tiempo... especialmente las cosas que vienen de China. Ten cuidado de que no te la vendan como una antigüedad.

12. *The shopping tour*

¿Saben ustedes qué es "macalear"? De entrada parece un verbo: yo macaleo, tú macaleas, él macalea... Y como verbo, representa una acción. Pero ¿cuál? Muchos de ustedes deben tener la cara de póker que yo tenía la primera vez que escuché la palabrita. Siendo la lengua una fuerza viva que se modifica de acuerdo con las necesidades de los hablantes, los mexicanos nos inventamos verbos con bastante frecuencia: taquear, pozolear, papalotear, jotear, huevonear... en fin. Es lo que lingüísticamente se conoce como una verbalización de sustantivos. "Macalear" se lo escuché una vez hace años a una mujer de Chihuahua que se ponía de acuerdo con un grupo de amigas para irse un fin de semana de compras a McAllen, Texas. De esa ciudad, y no de una estela prehispánica, viene esa palabra. Y es muy probable que en muchos estados de la república y rincones del mundo tengan otras parecidas para denominar lo que en inglés se conoce como un *shopping spree*.

Las "fayuqueras" o "chiveras" —no es sexismo, pero realmente quienes iniciaron esta nueva forma mercantil fueron las mujeres— se volvieron populares hacia los años sesenta. Eran señoras de clase media con familia en la frontera norte del país o bien en Estados Unidos que solían viajar y comprar toda clase de artículos —"chivas" es una expresión *slang* para referirse a objetos en general, de ahí la palabra "chivera"— desde comestibles hasta artículos de cocina o decorativos, *souvenirs* y lo más importante: ropa.

Todo esto era revendido entre sus amistades, que viajaban poco o nada, que así tenían la oportunidad de hacerse de "cosas americanas" que, según las abuelas, "eran siempre muy buenas". Esto, que seguramente comenzó como algo que le dio a las amas de casa la oportunidad de ganar un dinerillo extra, más tarde se volvió un gran negocio... un negocio prohibido. Ya no se trataba de traer cuatro o cinco vestidos para revender, sino que los mercados ambulantes se comenzaron a llenar de puestos con artículos "importados" que más bien eran introducidos ilegalmente al país, sin pagar los impuestos correspondientes. Y a pesar de que comenzaron a circular anuncios en televisión y prensa con la frase "Dale la espalda al contrabando", a la gente le atraía más la novedad, además de que la posibilidad de tener artículos inexistentes en el país los hacía sentir especiales. Yo, por ejemplo, presumía en la escuela mis chocolates Milky Way o mis pastillas agridulces Sweetarts que compraba con mi domingo cuando mi tío Paco nos llevaba a Tepito a buscar casetes vírgenes para grabar música. "Me llevo a los niños a fayuquear", le decía a mi padre. Otra verbalización de un sustantivo: *fayuca*, término coloquial para las mercancías de contrabando.

La firma del Tratado de Libre Comercio de América del Norte, en 1992, anunció el fin de la fayuca, y muchas otras cosas comenzaron a cambiar. En primer lugar, la multiplicación de las líneas aéreas y mayor oferta de vuelos a precios accesibles ofrecieron a más personas la posibilidad de viajar. Así fue como un nuevo mundo de oportunidades se abrió ante nosotros, no sólo en lo que se refiere a conocer nuevas culturas, sino también nuevos horizontes de compras. Justo por aquel entonces hice mi primer viaje internacional: visité Nueva York. Recuerdo que iba con sentimientos encontrados: experimentaba emoción y temor, porque era la época anterior a Giuliani y se decía por doquier que la ciudad era peligrosísima. Y aunque sí llegué a ver un par de cosas impresionantes —una pelea de bandas en Brooklyn desde el taxi, y un par de chicos drogados en el metro que pateaban y golpeaban lo que estaba a su paso—, recuerdo mucho más lo que me maravilló la ciudad: Broadway, los rascacielos, la Quinta Avenida, las obras de teatro... y el shopping, claro. Tengo aún muy vivo en mi mente el recuerdo de las dos únicas compras que hice: un chaquetón de lana con una franja horizontal multicolor de Ralph Lauren y unos guantes de lana negros con dos botoncitos dorados a un lado de los puños de Chanel. ¡Ay, cómo me enamoré de ellos! Los vi en Saks y, al estar rebajados, no dudé en comprarlos. Ya no tengo ni la chaqueta ni los guantes —la primera se perdió en mis múltiples mudanzas, y los segundos los olvidé en un restaurante hace no mucho tiempo—, pero la experiencia sigue aún viva, y desde entonces, se me ha arraigado más y más la costumbre de comprar cosas muy especiales cuando viajo.

El gustito de comprar en el extranjero

A pesar de que en nuestro país la oferta de moda es cada vez más extensa, hay ciertas ciudades en el mundo que siempre nos llevarán la delantera. Ni para qué discutirlo. Las reconocidas "grandes capitales de la moda", Nueva York, París, Milán y Londres, son los puntos clave para hallar todas las marcas de lujo posibles, y ahora también las de *fast fashion* locales. Pero muchas otras ciudades en el mundo también se han vuelto atractivos destinos de compras debido a factores externos que no necesariamente están relacionados con la moda: el cambio favorable de la moneda, la ubicación geográfica, el clima, la conveniencia, el idioma o el *tax refund* —devolución del impuesto local gravado a los artículos—, entre otras cosas. Los habitantes de China continental, por ejemplo, tienen una visión del turismo absolutamente ligada al shopping. Usualmente viajan a sitios donde las compras les resulten más favorables: si una economía sufre una devaluación con respecto del Yuan, su divisa, entonces viajan ahí, porque comprar les resulta más conveniente. Y sí, gustan de la gastronomía, de visitar lugares arqueológicos y otros atractivos culturales, pero para una gran mayoría, comprar es una parte medular de su actividad turística.

El turismo de compras es un gran negocio mundial, y cada ciudad, por pequeña que sea, trata de estimular esta actividad como parte de sus atractivos para los visitantes: es parte importante de su sistema económico. Los latinoamericanos, en general, tenemos una tendencia marcada a incluir las compras como parte de nuestros itinerarios de viaje cuando visitamos otra ciudad. Pero también tenemos una costumbre muy integrada a nuestra cultura: hacer "escapadas de compras", es decir, salir de viaje únicamente para comprar. En mis inicios como periodista, a principio de los noventa, se promovían de manera verdaderamente incisiva destinos de compra en ciudades fronterizas donde realmente no había mucho más que hacer. Ése siempre ha sido el ingenio estadunidense: en un desierto montan un casino infinito llamado Las Vegas, y en sitios donde los atractivos turísticos naturales son mínimos, se establecen los mejores malls del mundo. O por lo menos así era en aquella época, cuando promovían The Galleria en Houston, por ejemplo: un mall que entonces era el punto más cercano desde la Ciudad de México para hacer shopping de lujo. A un par de horas de vuelo, y con hoteles dentro del mismo mall, ofrecía todas las facilidades para que cualquier persona volara el viernes por la tarde, llegara a cenar a Houston, comprara locamente durante sábado y domingo, y volviera el domingo en la noche para trabajar al lunes siguiente. En una época en la que no sólo México, sino la mayor parte de los países de América Latina no contaban con muchas marcas internacionales de lujo, esto era muy conveniente para los amantes de la moda… y para quien podía pagarse el gusto.

Hoy las cosas han cambiado mucho, no sólo porque la oferta de lujo —y de no lujo— ha crecido por doquier enormemente, y con las compras online todo está al alcance de todos. Entonces, la pregunta obligada sería: ¿por qué seguimos comprando en el extranjero? Yo podría responder con estas cinco razones:

- Porque el precio en las compras de lujo suele ser más competitivo.
- Por el surtido y variedad de prendas que se ofrecen en otras localidades.

- Por las feroces políticas de descuentos que tienen países como Estados Unidos.
- Por la posibilidad de tener una prenda *antes que nadie*.
- Porque da mucho prestigio decir: "Me lo compré en París" o cualquier otra ciudad del mundo.

Todo esto tiene fragmentos de verdad y de mito. Puede ser que algunas prendas sean más baratas en el extranjero, pero no siempre. Muchas firmas, como es el caso de Chanel, están tratando de igualar sus precios a escala mundial con la finalidad de no canibalizar mercados, y aunque esto pueda tomar aún algunos años más, se está volviendo una tendencia global, ya que el *e-commerce* comienza a afectar también a las ventas directas. Por lo pronto, esta política de igualación de precios se ha aplicado en Asia y está logrando que los compradores compren en sus propios países. Por supuesto que aquí están en juego otros factores sobre los que las marcas no tienen control, como los impuestos locales por ejemplo, pero los especialistas aseguran que la tendencia futura es que cada vez los precios se igualen más y más en todo el mundo. Ya veremos cómo se desarrolla esta práctica en algunos años.

Respecto a las diferentes variedades de prendas en otras ciudades, eso depende, en gran medida, del *buying* que se haga no sólo para cada país, sino para cada ciudad de ese país; ya hablé antes de este tema. Por tanto, habrá ciudades que ofrezcan una oferta mucho más atractiva para un determinado comprador, de acuerdo con su gusto y personalidad. Digamos que eres amante de prendas extremas, de ultra moda; entonces puedes ir a Nueva York, Corea o Japón, por ejemplo. Para personas con un gusto más mesurado, California es una gran opción. Para quienes aman la gran moda, París es excelente... Pero ya les hablaré, al final de este capítulo, sobre mis ciudades favoritas para comprar.

¿Los descuentos? Sí, son un gran motivo para comprar fuera. En Estados Unidos, las rebajas y las ofertas forman parte del frenético ritmo de consumo. Siempre habrá tiendas con algo de descuento. Siempre. Y, en época de rebajas, llegar a los remates es alucinante porque puedes llevarte una prenda de diseñador a 20 o 30 por ciento de su valor. Claro está, influye mucho la suerte. En Europa, las rebajas también suelen ser bastante agresivas. Zara, por ejemplo, va descontando sus prendas aproximadamente dos veces por semana, al punto que en un mes, pueden llegar a tener hasta 90 por ciento de descuento. Galeries Lafayette también llega a tener remates impresionantes de algunas prendas e incluso de perfumes.

Poseer una prenda de moda antes que nadie es algo que fascina a muchas mujeres. Es ese gesto que hará que muchas otras la envidien. Aparecer en una fiesta o una cena con amigas llevando los últimos zapatos de Dior o la bolsa más inconseguible de Vuitton —esas piezas que *aún no han llegado aquí*— es algo por lo que mucha gente estaría dispuesta a pagar un boleto de avión a París y volver a los dos días. Es una locura, lo sé, pero al tratarse de las compras, a muchos nos puede fallar la cordura en ocasiones. Y sí, siempre da una pequeña satisfacción por dentro decir que lo compraste "en el extranjero". Yo confieso que solía hacerlo cuando tenía que demostrarle al mundo que era cool. Pero llega un momento en la vida de un individuo en el cual lo que digan los demás ya no es importante, lo que vale es cuan cómodo, feliz y seguro te sientas con las prendas que llevas puestas. Yo, por fortuna, ya estoy en ese estado mental: las cosas que me compro son un placer personal y ya no forman parte del *atrezzo* de esa obra de teatro que me había montado. Y sí, es una gloria que la gente chulee y reconozca lo que llevas, pero porque te ves bien con ello. Y no hay nada de que preocuparse: si estás ahora en ese momento en el que te sientes glorioso por presumir las compras hechas en el extranjero, adelante. Yo también lo hice y se siente bien, para qué negarlo.

Viajar y comprar vs. viajar para comprar

Sí, son dos cosas diferentes. Seguramente ahora que las ves escritas y en-frentadas te darás cuenta de ello. Viajar, conocer un país, visitar museos, restaurantes, monumentos históricos, relajarte *y comprar* es algo muy dife-rente de viajar, conocer un país, averiguar dónde están las boutiques, malls y outlets, comer *fast food* en ellos, dar una vuelta en un autobús turístico el penúltimo día —para que no digan que sólo fuiste a comprar— y dejar el día final del viaje para compras de último momento. Yo creo que todos he-mos hecho esto alguna vez, no hay nada de que avergonzarse. Nuestras prioridades en la vida pueden ser diferentes, según el momento que este-mos viviendo, y siempre he pensado que en gustos personales no hay malo o bueno. *Let it be*, como cantaran los Beatles.

Vamos por el principio, digamos que eres una persona que quiere hacer turismo y también comprar. ¿Cuál sería el tiempo ideal que le tendrías que dedicar a cada cosa? Una gran pregunta cuya respuesta puede ser bastante personal en cada caso: todo depende de tus prioridades, la duración de tu viaje y el lugar al que vayas.

Si tus necesidades, o gusto, de compras son básicas, es decir, que pro-bablemente sólo des una vuelta por las tiendas para comprar algo muy pun-tual o bien sólo pases a curiosear: en este caso quizá no debas invertir más de un 20 o 30 por ciento de tu tiempo de vacaciones. Es decir: si tu viaje tie-ne una duración de diez días, dos o tres serían suficientes para comprar, y puedes dedicar el resto a disfrutar de otros atractivos que te ofrece la ciu-dad que estás visitando. Lo ideal es que organices un plan donde tomes en cuenta los siguientes factores:

Destino. Obviamente, las actividades variarán considerablemente si el sitio que visitas es urbano, una playa, un resort, una zona arqueológica, un cen-tro de esquí, un pueblito o un lugar para realizar actividades al aire libre. Ob-viamente, en un poblado en medio de la montaña no habrá muchos lugares donde comprar —aunque a veces te sorprenderías—, pero los destinos de playa o grandes ciudades siempre tienen una gama importante de posibilidades de compras, así que en esos casos es necesario que decidas cuánto tiempo le quieres dedicar al asunto.

Motivo. Si el motivo de tu viaje es turístico, entonces tú eres dueño de la agenda y decidirás como organizarla. Pero si el viaje es por motivos laborales, seguramente tu tiempo estará mucho más limitado, y en ocasiones quizá sólo tendrás un día o mucho menos para hacer alguna actividad personal. Tú decides si lo usas para hacer compras... o cualquier otra actividad que te seduzca más. ¿Una alternativa? Pide un par de días de vacaciones y alarga tu viaje, para tener la opción de disfrutar de tiempo para ti.

Solo o acompañado. Si viajas solo, adelante: disfruta y no rindas cuentas a nadie. Pero si vas con compañía, cuidado. La intimidad y la convivencia de un viaje pueden acercar más a las personas...o separarlas. Es muy importante hacer un consenso previo al viaje. Si quienes viajan contigo tienen el mismo objetivo y han acordado un plan, perfecto: pasa al siguiente punto. Pero si es la primera vez que viajan juntos —y aún no hay confianza suficiente— o son amigos con intereses muy distintos, es importante acordar las actividades por adelantado. Imagina que estás viajando con un *shopaphobic* como el que describo más adelante, y algo que tú tenías pensado para este viaje es ir un día de compras juntos. Pasará todo lo que no quieres que pase: tu compañero se sentirá miserable y tú otro tanto; ninguno de los dos estará a gusto.

¿La solución? Negociar. Si el mall o outlet al que quieres ir forma parte del programa del viaje, negocien un tiempo razonable de compras para que quien quiera hacerlo lo haga a gusto, y quien no, pueda tomarse un café o hacer otra actividad sin volverse loco. Si las compras son opcionales en el itinerario, no tengas miedo a pedir tiempo libre para ti. Incluso aunque a tus compañeros les gusten las compras, a veces tú quieres ir a una tienda y ellos a otra; entonces es perfectamente válido separarse por un rato. Resulta mucho más sano y consigue que nadie salga herido. Yo lo hacía cuando viajaba a Nueva York con un amigo que detesta comprar: le pedía toda la mañana para mí y lo veía en la tarde para comer. Entonces yo compraba lo que se me antojaba y él se iba al Met o tomaba una siesta en Central Park. A partir de la tarde teníamos actividades juntos, y todos felices. Piensa que la experiencia tiene que ser placentera para todos, y viajar en compañía es muy agradable, siempre y cuando todos los viajantes estén abiertos a negociar... y a ceder cuando sea necesario.

Tiempo. No es lo mismo tener días enteros para comprar que ir contrarreloj. Recuerdo un viaje de prensa con un grupo de periodistas: veníamos en un camioncito de Suiza a Italia, pues acabábamos de visitar una fábrica de textiles en la frontera entre ambos países. En el camino, pasamos por un outlet que, según lo que había escuchado, era una gloria. Todos insistimos en que nos dejaran bajar, y ante la presión, la persona encargada del grupo accedió, pero sólo nos dio media hora. Sí: como lo están leyendo, por ridículo que parezca, sólo tuvimos treinta minutos. Como "peor es nada", aceptamos, bajamos del autobús y corrimos adentro del lugar. Justo a la entrada, pensé: ¿qué puedo hacer en media hora? No mucho, de modo que tuve que usar la cabeza. Consulté el directorio y vi dos marcas que me hicieron "tilín". Así que decidí ir duro y directo a Gucci por zapatos. Entré, escaneé, vi dos que me gustaban, me los probé, me fascinaron y los pagué. Tenía 15 minutos más para mi siguiente blanco: Prada, donde me compré un backpack que hasta ahora conservo. Volví al autobús dos minutos antes de la hora acordada. Claro, el resto no lo hizo y tuvimos que esperar media hora más. Los demás viajeros, además de llevarse un regaño por parte de nuestra anfitriona, no pudieron comprar nada: venían con las manos vacías. Si acaso alguien alcanzó a adquirir una cosita de Polo Ralph Lauren. Cuando mis compañeros vieron lo que había comprado, alucinaron: "¿Cómo te dio tiempo?", preguntó alguien, así que les conté mi estrategia. En ese momento, todos desearon haber hecho lo mismo. Tú puedes hacerlo: así tengas media hora o una semana para comprar, prioriza tus necesidades y deseos. Digamos que quieres unos zapatos negros o una bolsa casual para el fin de semana: entonces es lo que debes buscar antes que otra cosa. Cuando los consigas, puedes explayarte mirando todo lo que quieras, así tu experiencia de compra será realmente satisfactoria.

Presupuesto. Éste, una vez más, es un terreno muy personal, porque como te decía antes, dependerá de tus prioridades, y de si viajas solo o acompañado. Cuando viajas solo, así como eres el amo y señor de tu tiempo, lo eres también de tus finanzas y puedes decidir qué hacer con ellas. Ya te he contado que yo soy de la idea de sacrificar un buen restaurante y un buen hotel por el shopping, es decir, es algo en lo que no invierto mucho: como cualquier cosa —*fast food* o lo que consiga en supermercados— y me hospedo en hoteles modestos con tal de tener un margen mayor para comprar. Cuando voy acompañado, trato de balancearlo un poco más y quizá dedico más dinero a restaurantes, por ejemplo, porque acompañado me apetece más una buena comida. Yendo solo, puedo abstenerme de ello sin problema. El presupuesto ideal de un viaje tiene que contemplar tres aspectos fundamentales que tienen que ser considerados sí o sí: *hospedaje*, *transportación* y *comidas* durante tu estancia. Una vez que tienes esto asegurado, destina el resto de tu dinero a lo que más te apetezca. Esto es algo que debes tener siempre en mente, así viajes por turismo o sólo por shopping.

¿Primera vez o regreso? Esto también cambia mucho las expectativas de tu visita. Si se trata de un sitio en el que ya has estado antes, tienes mucho más tiempo para actividades diferentes de las que hiciste en tu primer viaje, o para repetir algunas que realmente te gustaron. Hay cosas que basta verlas una vez. Por ejemplo, yo me subí una sola vez a la Torre Eiffel y con eso tuve. El haber conocido lo más importante de un sitio te da la opción de buscar nuevos lugares que no visitaste antes por falta de tiempo, o de ir un

poco a tu aire para encontrar tu versión más personal del sitio que visitas. A mí me pasa con ciertas ciudades que, por trabajo o gusto, he visitado repetidas veces: busco cosas nuevas en cada viaje subsecuente. Y con el shopping sucede igual: trata de buscar tiendas diferentes, boutiques de diseñadores locales donde puedas hallar prendas mucho menos comerciales y con más personalidad. Yo intento hacer esto cada vez que vuelvo a una ciudad, y la verdad a veces he descubierto tiendas excepcionales.

Shopping spree

El famoso viaje que se emprende única y exclusivamente para hacer compras es bastante popular, y claro, no es para todos. Hay que tener mucho aguante, una cantidad de dinero destinada para ello y, si vas acompañado, estar seguro de que quien va contigo está en la misma sintonía que tú. Los shopping sprees suelen ser muy convenientes si se planean bien. Es decir, no se trata sólo de encontrar un boleto barato a Estados Unidos, tomar tu maleta y marcharte. Se puede hacer eso, por supuesto; los viajes impulsivos llegan a ser muy divertidos. Lo que no te aseguro es que sea productivo y que al final tus compras resulten satisfactorias.

Los shopping sprees suelen hacerse por varios motivos: por una ocasión especial —porque un miembro de la familia va a casarse y todo mundo necesita ropa, o para comprar regalos de navidad—, por aprovechar una oportunidad —un vuelo barato, un viaje de trabajo que puedes alargar por tu cuenta o por la temporada de rebajas— o bien por puro gusto. La idea es que en todos estos casos tengas una buena estrategia. Piensa en los siguientes puntos:

El guardadito. Si estás planeando un viaje de compras o sabes que existe la posibilidad de que pueda surgir uno, haz un ahorro especial para ello. De esta manera, no afectarás tus finanzas y podrás comprar sin culpa.

¡Ay, *qué pesado!* Viaja lo más ligero que puedas, para que el espacio en tus maletas lo ocupen tus compras. A la hora de empacar, desecha cajas, empaques y todo aquello que pueda pesar, a menos que el empaque en cuestión sirva para proteger una prenda. No empaques las *shopping bags*: pesan mucho y al final siempre llegan maltratadas.

A volar... Checa siempre el equipaje que tienes permitido en la aerolínea. Si crees necesitar una maleta extra, te conviene contratarla con antelación cuando hagas *check-in* online, porque hacerlo directamente en el aeropuerto es mucho más caro.

Do the math: saca cuentas. Calcula el precio real que estás pagando por tus compras, porque a veces "sale más caro el caldo que las albóndigas". Si compras fuera porque es más económico, tiene que serlo realmente, aun añadiendo los costos del viaje: avión, hotel, viáticos y los impuestos —en Estados Unidos todas tus compras son *plus tax*. Y si vas a excederte en el peso de la maleta, también toma eso en consideración, porque las aerolíneas son feroces respecto a ese tema. A veces todos estos costos añadidos hacen que resulte más conveniente comprar en tu ciudad que viajar sólo para comprar. Pero si hiciste tus cuentas y aun así vale la pena, tanto por precio como por variedad de artículos, entonces lo has hecho bien.

¿Ya había aquí? A veces te llevas sorpresas desagradables cuando te das cuenta de que trajiste la maleta llena de algo... que vendían en el súper de tu barrio casi al mismo precio. Entonces te quieres dar de topes, porque ese peso y espacio pudiste usarlos para otra cosa que quizá necesitabas más, y que realmente no existía en tu ciudad. ¿Mi consejo? Siempre que quieras comprar algo en el extranjero, cerciórate primero si se puede encontrar en tu país a un precio razonable. Si es así, mejor usa ese dinero y espacio para otra cosa.

Y si es por placer... Si tu viajecito de compras es por puro placer, te invito a que busques cosas únicas, diferentes. Date a la tarea de encontrar aquellas piezas que te complementen, que te hagan sentir especial y único. Sí, se vale buscar lo que toda la gente quiere, pero creo que en estos casos es mucho más interesante hallar algo que la gente... aún no sabe que va a querer. Esto se llama ir a la vanguardia.

Mi *top ten* de destinos para viajes de shopping

Por mi trabajo como editor de moda, y más tarde por motivos personales, he tenido la oportunidad de viajar y conocer muchos sitios, incluso vivir en algunos de ellos por algún tiempo. Si bien cada país y ciudad tienen encantos únicos, y hasta hoy no he conocido un lugar que deteste, sí hay ciertos destinos que ejercen un magnetismo muy especial sobre mí. Una amiga mía me confesó alguna vez: "Cuando era muy jovencita, cada vez que tenía oportunidad, me iba a Nueva York. Hoy pienso que si en lugar de haber escogido el mismo destino siempre hubiera ido cada vez a un lugar diferente, ahora conocería el mundo entero". A mí me pasa lo mismo con París: cada vez que tengo la oportunidad, voy ahí. No lo puedo evitar... Si paso mucho tiempo sin ir, me da síndrome de abstinencia. Tengo la fortuna de ir frecuentemente por trabajo; pero también, cada vez que estoy en casa en Barcelona, busco un vuelo barato y visito la capital francesa aunque sea dos días para comer y recargarme con su vibra, que fortalece mi espíritu. No, no estoy exagerando.

Pero además de París, he encontrado otras ciudades en el mundo que me atraen por una cosa u otra, pero especialmente por el shopping tan singular que puedo hacer en ellas. Les voy a dar a continuación una lista de mis destinos consentidos y a contar cómo ha sido *mi* shopping en ellos. Son lugares que he descubierto y que no están siempre en las guías de turismo. No hablo necesariamente de compras de lujo ni de temporada; son lugares donde podrás toparte con hallazgos únicos que sólo serán tuyos... y complementarán tu estilo de forma creativa.

París

Obviamente, tenía que empezar por aquí. Sí, me fascina ir a Le Bon Marché, Printemps, Galeries Lafayette... ¡a Chanel en Rue Cambon! Y sí, puedo comprar si algo me vuelve loco y el dinero me alcanza. Lo extraordinario de estas tiendas departamentales es que siempre tienen las prendas clave de las tendencias de moda en un rango muy amplio de precios. ¿Una blusa floreada? La encuentras desde 30 hasta 3,000 euros. En este momento de mi vida encuentro un gran placer en mezclar mis piezas de diseñador con otras más inesperadas, y me he vuelto adicto a las tiendas de segunda mano que hay por todo el barrio de Le Marais. Es cierto que huelen a viejo y están repletas de cosas que no valen la pena; pero si eres un buscador devoto e incisivo, puedes hallar una perla en medio de la basura. Yo he encontrado chaquetas militares o de los años ochenta —hallé una espectacular de Claude Montana— por 10 o 15 euros. Sólo hay que tener paciencia y buscar bien. Y mandarlas a la tintorería a desinfectar, claro. Otro de mis sitios favoritos es Citadium (citadium.com), donde encuentro los tenis y los jeans más cool del mundo a precios bastante accesibles. Claro que en cuestión de camisetas, mis favoritas son y serán siempre las de Colette (colette.fr).

Nueva York

Sería hipócrita de mi parte no continuar por aquí (a quién voy a engañar). Nueva York me chifla porque todo lo que me imagino está allí. ¿Una camisa de tal color? ¿Unos zapatos así? ¿Una bolsa asá? Ahí los encuentro. Bergdorf Goodman, Saks, Barneys, Bloomingdale's... y por supuesto, la inacabable lista de tiendas de *fast fashion* que hay por doquier. No obstante, yo me quedo más con las tiendas de SoHo y NoHo, porque esas áreas están repletas de las boutiques y los restaurantes más especiales. Ahí está, por ejemplo, la boutique de Patricia Field, la creadora del vestuario de *Sex and the City*. Y aunque siempre que paseo por esa zona me encuentro que ya han cerrado muchas de las tiendas que me gustaban, también descubro otras nuevas, lo cual significa que la variedad de oferta está en cambio constante. ¿A dónde nunca dejo de ir? A Century 21, donde invariablemente encuentro alguna pieza de diseñador a precio de remate.

Barcelona

Sí, es mi segunda casa, y como tal, la conozco al dedillo. Si bien en la ciudad catalana la oferta de lujo no es tan variada, la curaduría que existe en cada tienda es única, y suelen tener en existencia piezas que sólo pueden hallarse en otras grandes urbes. Como ejemplo, hace dos años busqué como loco, por todos lados, un broche en forma de clavel de acrílico y pedrería de la colección de Prada. Nada. Agotado. Pero resulta que, al final, lo encontré en Barcelona. A eso me refiero: esta ciudad ofrece piezas con una visión muy suya, que denota su personalidad, y eso me encanta. Y hablando de curaduría, no hay otra como la de la Boutique Santa Eulalia, que tiene una selección de prendas muy pensadas, fashion pero nunca excesivas. Además tienen un servicio de sastrería a la medida que es de los mejores de Europa. Por otro lado, el diseño local que se puede encontrar en el barrio de El Born, donde incluso hay boutiques colectivas de diseñadores locales que ofrecen piezas verdaderamente sin igual. ¿Lo que yo hago? Busco páginas web de diseñadores que me gustan, y aunque no tengan tienda, les pido una cita en su taller si estoy interesado en comprar algo. Son bastante dispuestos y accesibles: inténtalo tú también.

Bogotá

Uno de los destinos que más me gustan en América Latina por su gente, por su comida... y por su ropa. La calidad de los diseñadores colombianos es muy alta, y todos tienen mucho rollo y muy buen gusto. En el barrio El Retiro se agrupan la mayoría de los creadores locales. Entre mis consentidos: Lina Cantillo para hombre y Olga Piedrahita y Silvia Tcherassi para mujer.

Bangkok

Desde que vivo en Singapur, Tailandia es uno de mis países de visita obligada; y de sus ciudades, la que más me gusta es Bangkok. Así como dicen que Hong Kong es la Nueva York de Asia, yo digo que Bangkok es el México de Asia. Su gente es cálida, sonriente, pícara y tiene un estilo que me recuerda un poco al nuestro. Mi lugar de compras favorito aquí es, sin lugar a dudas, Siam Center. El gobierno tailandés, como una política de apoyo al diseño local, ha destinado un piso entero de este mall sólo para creadores locales, y se pueden encontrar prendas realmente únicas. Según mi opinión, los tailandeses y los coreanos son los diseñadores más talentosos y *avant garde* de Asia —que me perdonen los japoneses. En estas miniboutiques de Siam Center se pueden hallar zapatos, accesorios, lentes, sastrería y camisería masculina, ropa de mujer de muchos estilos y bolsas, todo muy inscrito en tendencia, con un gran nivel de calidad y precios realmente competitivos. Cada vez que puedo me doy mis escapadas a Bangkok, porque siempre es refrescante ver que tienen de nuevo.

Seúl

La verdad, para mí, Seúl fue como me imaginé que sería Japón: un lugar que te sorprende por su variedad de estilos y boutiques conceptuales. De hecho, en toda Asia son muy valorados el diseño y la cosmética coreanos por su altísimo nivel. Muchas de las tendencias que están hoy en las pasarelas, nacieron hace un par de años en Seúl. Hay malls enteros de creadores locales —casi todos los que se presentan en la Fashion Week tienen una tienda aquí—, y en las boutiques de lujo hay espacio para diseñadores coreanos de gran prestigio como Juun J. La única desventaja es que generalmente no es barato comprar allí, pero hacer un esfuerzo y llevarte una prenda única es algo que nunca lamentarás.

Ciudad de México

Como mexicano que vive fuera de México, considero mi ciudad como un gran destino de compras. Además, se perfila más cada vez, como tal, internacionalmente. En cada visita que hago a mi país me doy cuenta de que crece comercialmente a pasos agigantados. Siempre he sido cliente de El Palacio de Hierro, Liverpool y Saks, pero ahora, además, me fascina ir a las tiendas de creadores locales que se han multiplicado en la colonia Roma o en Polanco. Muchos de aquellos que están comercializando su trabajo, tienen un gran nivel. ¡Y los joyeros! Cada vez más y más creativos. ¿Lo que nunca me pierdo? Una pasadita por el bazar de los domingos en La Lagunilla, para buscar prendas vintage...

Hong Kong

Viví en esta ciudad dos años, y aunque en un principio la odié por caótica, pasó muy poco tiempo antes de que terminara enamorándome de ella. Se trata de una ciudad vertical (es una isla muy pequeña que, al no tener hacia dónde expandirse, lo ha hecho hacia arriba) en la que no todo está al alcance de la mano. Las tiendas, restaurantes, oficinas y servicios están en los pisos superiores de los edificios. En eso radica su encanto: uno tiene que ir descubriendo la ciudad paso a paso, y ésa es una tarea fascinante. Todas las marcas de moda, alternativas y de *fast fashion* están aquí. Todas. Lo que ves en un desfile de moda y te preguntas: "¿Quién se atrevería a comprar eso?" lo venden aquí, y mejor aún, lo usan aquí. Los hongkoneses tienen una vibra muy especial y les fascina la moda, por eso el shopping aquí es casi un deporte nacional. Más allá de los *ultramalls* que hay en toda la isla y en la parte continental llamada Kowloon, hay también pequeños *minimalls*, edificios con locales minúsculos, donde se vende de todo: diseño local, ropa coreana, ropa "inspirada" en las prendas de moda —puedes hallar por ejemplo, estampados muy semejantes a los de una marca, digamos Givenchy, que no copian directamente, pero te remiten a ella sin duda— y accesorios realmente divertidos e inéditos, muchas veces confeccionados por los mismos dueños de las tienditas. Hay un par de estos mercados horizontales frente a la tienda departamental Sogo, en Hennessy Road. Pero mi primera parada de compras es Horizon Plaza, un outlet horizontal donde con un poco de suerte puedes hallar prendas de diseñador descontadas hasta en 90 por ciento. Vale mucho la pena darse una vuelta.

Roma

Claro, Italia no podía quedar fuera de mis consentidas. Aunque la verdad es que en toda Italia se compra y se come maravillosamente bien, Roma ofrece belleza —además de ser, para mí, una de las ciudades más hermosas del mundo— dondequiera que mires. La moda está en todos lados, y esa vena sexy de los italianos se siente en toda la ropa que ves en sus boutiques. Me fascina ir al Palazzo Fendi o a Gucci, porque ahí está todo: los zapatos que quieres, la bolsa... y si no, es mucho más fácil conseguirlo. Pero el famoso *Made in Italy* se ve por doquier, y en cualquier zapatería puedes comprar verdaderas bellezas a precios realmente correctos.

Los Ángeles

Woody Allen bromea en alguna de sus películas acerca de las diferencias entre Nueva York y California, diciendo que en esta última no hay cultura. Evidentemente se trata de una apreciación ficticia, pero lo que sí es verdad es que angelinos y neoyorquinos viven una especie de rivalidad velada, desde siempre. Los Ángeles es una ciudad que tiene mucho más culto al cuerpo, quizá porque el clima favorece a ello. La gente es más de exteriores, de playa, más sport... y esto se refleja también en sus tiendas. Malls y outlets conviven casi de forma promiscua en toda la ciudad —justo frente a Fashion Valley, en San Diego, hay un outlet—, y nadie tiene problema con ello, porque hay público para todo y no hay quien se asuste de nada, cosa que me parece extraordinaria. Pero yo lo que disfruto enormemente es dar un paseo por la Avenida Melrose para darme un chapuzón en las tiendas vintage como Wasteland o ver marcas cien por ciento angelinas como Joyrich, que tiene unos accesorios francamente divertidos, o l.a.Eyeworks, una de mis ópticas favoritas.

Como podrás ver, no soy partidario de dar demasiados nombres de lugares o direcciones, porque mi intención es más bien orientarte para que hagas tus propios descubrimientos. Además, me pasa muy seguido que voy a sitios específicos que me han recomendado... y ya no existen. El mundo del *retail* es así de ingrato y volátil. Por eso, prefiero darte más puntos de vista generales de zonas, ideas y, sí —no puedo evitarlo—, algunos nombres de lugares para que te hagas una idea de lo que ahí puedes encontrar. Si hiciera de estas recomendaciones personales un directorio, es probable que se volvieran obsoletas en unos meses. Por ello, mi invitación es la siguiente: siempre que viajes trata de darte un tiempo para conocer las partes no turísticas de las ciudades, porque es justo ahí donde compran los habitantes locales, y más allá de las artesanías, podrás encontrar piezas interesantes. Hace unos meses, estando en Shanghái, entré a una tienda que a primera vista imponía porque parecía muy cara. La dependienta hablaba poco inglés, de modo que tenía todo en mi contra. Pero resultó que aquella era una tienda-cooperativa de varios grupos autóctonos chinos que vendían piezas artesanales a precios muy justos. Al final, otra clienta me ayudó a entenderme con la encargada y pude comprar una chaqueta bordada que es de las prendas más bellas que tengo en mi armario. Y pagué por ella un precio muy razonable. Por eso, no hay que temerle a las tiendas que no son Zara o Louis Vuitton. Piérdete, averigua, pregunta... Verás que tus hallazgos se convertirán en una parte muy importante de tu experiencia de viaje.

13. Comprar para otros...
o que compren para ti

A LO LARGO DE TODO ESTE LIBRO HE EXPUESTO MIS TESIS E IDEAS SOBRE CÓMO ser asertivo en el shopping. No obstante, hay personas que pueden decir: "Esto definitivamente no es para mí". Cuando uno de mis sobrinos era pequeño, se ponía a llorar en cuanto traspasábamos el umbral del mall: "¡No quiero tiendas!", decía entre sollozos. Un amigo mío solía agobiarse cuando tenía que ir a comprar ropa: le sudaban las manos y se ponía extremadamente tenso —justo como yo antes de tomar un avión— porque decía que la experiencia lo estresaba muchísimo. "Si por mí fuera, me encantaría llegar a la tienda, cerrar los ojos y que alguien me pusiera en la mano una bolsa con todo lo que necesito", decía.

Sí, por increíble que nos parezca a quienes vemos un mall como si fuera la Capilla Sixtina, hay mucha gente que, así como los ateos se niegan a ir a una iglesia, rehúsa ir de compras. Y la verdad, cuando vas con ellos de shopping, la experiencia se vuelve una verdadera pesadilla porque, a los diez minutos de estar en una tienda, empiezan a preguntar: "¿Te falta mucho? ¿A qué hora nos vamos?", como si fueran niños. Poco a poco comienzan a presionarte con una actitud sombría, y cuando les pides opinión o consejo ("¿Cómo se me ve esto?") te responden con una mueca o, peor aún, comienzan a cuestionarte cuántas camisas, zapatos o jeans más vas a ver, o cuántos tienes ya en tu casa: "¿No tienes uno igual a ése?". Entonces quisieras darles un revés, con el brazo de un maniquí, por insensibles.

Hace unos años, estando en Canadá con mi amigo Fernando Toledo, me di a la tarea de buscar unos jeans... los jeans perfectos. Debían tener el talle arriba de la cadera, la pierna recta y el lavado debía ser como lo tenía en mi mente —si estaba allí era porque lo había visto en alguna parte. Quienes aman los jeans como yo sabrán de lo que estoy hablando. Después de probarme diez, le pregunté a Fernando: "¿Qué te parecen éstos?", y él me respondió con un gruñido: "Igual que todos los otros que te has probado, ¡son jeans!". Y cuando intenté explicarle por qué eran diferentes, se puso de pie y me espetó: "Me largo de aquí. No puedo más contigo". Y en efecto, se fue. Hoy todavía nos reímos de esta anécdota, y a pesar de que ya se le pasó bastante el horror a las tiendas, aún es algo que, en la medida de lo posible, evita.

Se trata puramente de aficiones: es como ir al futbol, al campo, a hacer yoga... Hay a quien le gusta y a quien no. No hay bueno o malo. Y justo para aquellos que no pueden con el shopping, o bien para quienes les gusta tanto que lo harían incluso en nombre de alguien más, está dedicado este capítulo. Empezaremos con los primeros: los que le pintan las cruces a las tiendas.

Shopaphobics

Así como existen shopaholics, también están los *shopaphobics*. Hay mucha gente que puede desarrollar un temor y disgusto a comprar. De la misma manera en que la globalización y la excesiva oferta en la industria de la moda nos han fascinado a muchos, para otros se ha convertido en una verdadera causa de estrés, saturación y sobreinformación. Una amiga mía que vive en un pueblito pequeño en Cataluña me contaba que "bajar" a Barcelona le estresaba terriblemente. Un día la acompañé al supermercado a buscar algunas cosas. Cuando llegamos a la zona de los yogures, vi que, a medida que repasaba los productos, comenzaba a alterarse cada vez más. "¿Qué buscas?", le pregunté. Y ella contestó: "Yogur". Le dije que ahí frente a ella tenía decenas, que escogiera el que más le gustara. "Ése es el problema", me respondió: "que hay cientos y yo quiero uno, yogur, puro y sencillo". Estaba perdida entre los yogures con bífidos, los sin grasa, los griegos, los batidos, los líquidos, los orgánicos, los saborizados, los que tienen fruta en trozos... Al final, nos fuimos de ahí sin comprar nada. Lo primero que pensé fue que su angustia estaba un poco fuera de lugar: tomas un yogur, el que más se te antoje y te lo llevas. Punto, no te hagas historias. Debo admitir que hasta pensé que era un poquito pueblerina. Pero días más tarde, mientras más convivía con ella, me di cuenta de que no era una cuestión de falta de mundo, sino de exceso de oferta. En su pueblo ella compraba las cosas

básicas y no tenía mucho que pensar, porque iba a la tiendita del barrio, compraba su yogur natural hecho por una fábrica local, se lo ponía a la fruta y listo. Y así con muchas otras cosas. Ella se había a acostumbrado a ser más pragmática, a escoger entre menos opciones, y esto hacía su vida más sencilla y tranquila. De alguna manera mi amiga vivía un poco en el pasado, y por ello, las preocupaciones del presente —de *nuestro* presente— la sacaban de sus casillas. Algo perfectamente válido.

Uno de mis primeros clientes como *personal shopper* —actividad de la que hablaré más adelante en este capítulo— era la versión "chilanga" de mi amiga catalana; pero en su caso, viviendo en un lugar tan frenético como la Ciudad de México, que lo sacara de quicio la excesiva oferta comercial sí hablaba de un individuo con verdadera fobia a las compras. Él me contaba que cada vez que necesitaba ropa para el trabajo iba a cualquier tienda, pedía al dependiente lo que quería de acuerdo a su talla —o la que él creía que era su talla— y lo compraba así, sin probárselo ni nada. Cabe decir que siempre que lo veía aparecía con verdaderos horrores: prendas que le quedaban grandes, largas, cortas, que no tenían nada que ver con su trabajo —él era financiero—, unos zapatitos de suela de goma como de monja... en fin. Un día, me buscó para contarme que lo habían ascendido en su compañía y que, por instrucciones de su jefe, el nuevo puesto requería que "pusiera más cuidado en su imagen". Cuando él le preguntó que quería decir con eso, su jefe, discreto, sólo le dijo que tenía que poner más atención en su forma de vestir. No entendía; sus trajes eran de buena marca y siempre iba impecablemente aseado. Pero sintiéndose demasiado apenado como para preguntar más, decidió consultarme para una opinión honesta y directa. Y la tuvo.

"¡Te vistes como el culo!", le dije sin miramientos y porque me salió del alma. Él me observó con los ojos como platos y pensé que me daría un puñetazo, o mínimo no me volvería a dirigir la palabra. Pero después de tragar saliva, estalló en carcajadas, y yo también. Me pidió ayuda, pero lo que él necesitaba era mucho más que una tarde de compras: requería de un trabajo más laborioso y profundo. Comenzamos haciendo un plan tomando en cuenta sus necesidades, su presupuesto y sus cualidades físicas. Analizamos estilos, prendas, siluetas, probamos y, al final, fuimos de compras —y a enfrentar sus temores a las tiendas. Yendo conmigo, él se sintió más seguro, porque yo de alguna manera "edité" las posibilidades para que él viera sólo lo necesario —digamos que traté de ofrecerle el yogur de pueblo de mi amiga catalana—, de modo que su estrés disminuyó considerablemente. El segundo reto fue que se probara la ropa para que se la ajustaran, otra cosa que detestaba por igual. Le pedí que pusiera de su parte con la promesa de que al final, al ver los resultados, esto que consideraba una pérdida de tiempo sería parte de la inversión en su imagen.

Mi siguiente batalla con él fue la frasecita: "Es que no soy yo". Se probaba cosas que le quedaban estupendas, perfectas para su nueva posición, pero, al resultarle desconocidas, su primera reacción era de rechazo. "No, no eres tú", le dije "es *el nuevo tú*. Para eso me contrataste." Como con todo en la vida, negocié con él para que accediera a salir de su zona de confort. Cuando vio los resultados de su nuevo guardarropa pequeño, pero súper eficiente, se dio cuenta de lo importante que era hacer una correcta elección de prendas, talla, ajuste y color. Su jefe quedó impresionado, y su grupo de amigos no daba crédito al ver lo diferente que se veía con un par de ajustes aquí y allá. El crédito no fue sólo mío, sino de ambos, porque él se abrió lo suficiente para dejarse aconsejar. Y de este cambio yo obtuve dos cosas buenas: uno, que me recomendó con muchos de sus amigos ejecutivos y tuve una buena racha de trabajo, y dos, que mi amigo aprendió a vestirse por sí mismo con una sola sesión de orientación de compras, cosa que me hace sentir muy feliz por él.

De modo que si tú eres del clan de mi amigo y no quieres enfrentarte a la jungla de opciones de ropa, pide ayuda. Es muy importante que, para recibir la orientación adecuada para ti, tengas en mente qué debes esperar de un *personal shopper* o de un buen amigo que te ayude a comprar.

1. Qué es lo que necesitas realmente

A veces, nuestro temor o disgusto por las compras no es tan sencillo, y detrás de él subyace una serie de aspectos que, si los descifras correctamente, darás un primer gran paso al cambio. Empieza a hacerte preguntas: ¿qué es lo que no te gusta de comprar? ¿Ir a las tiendas?, ¿buscar?, ¿no saber qué escoger?, ¿abrumarte con tantas opciones?, ¿que los vendedores te acosen?, ¿gastar en cosas que no consideras realmente importantes?

Ya que hayas conseguido algunas respuestas, plantéate esto otro: ¿qué es lo que no te gusta del proceso general de elegir ropa? Las posibilidades son muchas: puede ser que te importe mucho lo que piensen los vendedores o los amigos que te acompañan —que crean que no tienes buen gusto, que no sabes nada de moda, o que te vistes como payaso. O bien, es posible que realmente te importe un pepino la ropa y sólo compres por necesidad, porque la sociedad y tu vida profesional te exigen tener una imagen determinada. Puede ser que la ropa te encante, pero que no sepas escoger la adecuada a tus necesidades. Es posible que te interese verte bien, pero no sepas qué tipo de prendas son las más adecuadas a tu fisonomía. Puede que seas una persona terriblemente ocupada, y que al no tener tiempo para pensar qué ponerte y comprar, requieres que alguien más lo haga por ti. Con esto más o menos claro, sabrás qué clase de ayuda necesitas.

2. No eres tú, soy yo

Esto, que suena a una conversación cliché de enamorados, es la columna vertebral de una relación eficaz entre tu *personal shopper* y tú. Siempre tienes que tener en mente: "Soy yo el que necesita ayuda, el que va a vestirse y quiere sentirse cómodo con lo que se ponga; no se trata de ti". Antes de que cualquiera te considere "maravilloso", eres *tú* quien tiene que sentirse así. Y aunque siempre es importante el punto de vista de quien está ayudándote, el tuyo tiene el mismo valor. Escucha lo que tu *personal shopper* tiene que decirte y negocia cuando no estés de acuerdo en algo. Recuerda que la decisión final siempre es la tuya.

3. Cuidado con las divas... o divos

Muchos estilistas que suelen trabajar como *personal shoppers* tienen personalidades un poco avasallantes, y cuando se trata de aconsejar, se van más al terreno de ordenarle al cliente lo que *tiene* que ponerse, no lo que *podría* ponerse. Ése será un primer indicio para reconocerlos: si tienden a ordenar más que a sugerir, enciende la primera señal de alerta. A veces tienen la idea de que están vistiendo a sus barbies y no a una persona con necesidades reales y, más aún, con voluntad propia. Van escogiendo ropa sin preguntarte, sólo te la dan para que te la pongas, y al primer "pero" te dicen que no tienes ni idea, que hagas lo que ellos te dicen, porque para eso les estás pagando. Estos *personal shoppers* seguramente tienen la escuela del trabajo editorial o publicitario, vistiendo modelos que tienen que someterse a su voluntad. En este caso, mejor aléjate, porque aunque quizá te vistan bien, ése no eres tú; por tanto, correrás el riesgo de verte disfrazado. Las personas que te visten "de acuerdo a las tendencias", generalmente suelen uniformarte y vestirte como todo el mundo. La buena noticia es que estos tiranos no son sino unos cuantos y es fácil reconocerlos... y sacarles la vuelta.

4. Pon algo de tu parte

Es importante que sepas hacerte respetar ante el *personal shopper*, pero también que lo escuches y aprendas a negociar con él. Si eres una persona con costumbres muy arraigadas, probablemente sentirás que todas las sugerencias son imposiciones, y no es necesariamente así. Ábrete de mente y de corazón, porque al final del día, esa persona sólo busca ayudarte. Para que familiarizarte con la idea, conversa un poco con él para que se conozcan, explícale lo que quieres o necesitas y, lo más importante, date cuenta si hacen "clic". Esto es fundamental, porque si una persona entrará a tu vida privada y se meterá, literalmente, hasta el clóset, tienen que caerse bien y tenerse confianza. Luego, de acuerdo con *tus* ideas y *sus* sugerencias, pídele un plan de acción —de hecho, es parte de su obligación, y si no lo hace, debes exigirlo, sobre todo si estás pagando por sus servicios— en el que te proponga primero ideas e inspiración, y luego un plan de compras. Entonces ábrete a las posibilidades que te ofrezca. Seguramente sentirás un rechazo inmediato por algunas de sus opciones pero también es posible que otras más sólo sean algo desconocido y que, por ello, te inspiren desconfianza. Vence el miedo y prueba todo lo que puedas. Escucha opiniones, lo mismo de tu estilista que de otras personas —manda alguna foto a un buen amigo para que te diga qué piensa. Con probar no pierdes nada. Al final mírate al espejo, y si te gusta tu reflejo, eso es lo más importante de todo.

5. No es lo mismo una asesoría de imagen que un cambio de look

Se han puesto muy de moda los famosos "cambios de look" o *makeovers*. Desde que trabajaba en *Marie Claire*, ya era una de las secciones más gustadas por las lectoras. Esta idea de que alguien, como un hada madrina, tome su varita y con un par de giros te convierta en modelo, es una fantasía que todos hemos acariciado alguna vez. Es el fenómeno de la película *Grease*: Olivia Newton-John, la chica ñoña que se convierte en vampiresa. Ahora los cambios de look se han puesto tan de moda que la televisión está plagada de ellos, vendiendo la tesis de que si cambias de imagen, vas a conquistar el mundo, igual que la Newton-John conquistó a Travolta. Pero esto no es del todo cierto. Cuando trabajé en *Mexico's Next Top Model*, uno de los capítulos más vistos de cada temporada era el del famoso *makeover*, porque con los cortes de cabello y un cambio de maquillaje, les dábamos a las concursantes un aire más sofisticado y glamuroso, según nuestro criterio. Algunas quedaban muy bien, otras no tanto. Y la razón no era que con unas hiciéramos un buen trabajo y con otras no, sino que algunas de ellas no estaban preparadas para el cambio, y al sentirse incómodas con él, lo reflejaban —igual que su frustración.

Si eres una persona que sólo necesitaba comprar un par de trajes y camisas, o un vestido para una fiesta, seguro estarás alucinando con todo este tema del "cambio de look". Por eso, hago un alto aquí y te explico: no es lo mismo una asesoría de imagen que un cambio de look. La primera busca ser una ayuda para reorganizar tus ideas, modificar tus hábitos y ayudarte a encontrar una coherencia contigo y lo que debes usar. Trata de orientar tus decisiones de compra o de cambios personales —corte de pelo, tratamientos cosméticos o maquillaje en el caso de las mujeres— basándose en quién eres, cómo eres, dónde estás y adónde quisieras llegar. Una asesoría de imagen es una mejora, no un cambio. Y aunque en ocasiones la mejora pueda ser tan grande que redunde en un cambio notable —especialmente de actitud y de postura ante la vida—, no pretende borrar de un carpetazo tu pasado, sino mejorar tu presente.

Un cambio de look es una asesoría de imagen llevada al extremo, por describirlo de alguna manera. Y no digo que sea malo; sólo que sí implica abrirse y prepararse mucho más que en el caso de una asesoría. Como su nombre lo dice, su esencia es buscar una renovación dramática en una persona para lograr una versión diferente de ella; "alguien completamente nuevo", como he escuchado decir en los programas de televisión. El problema es que muchas personas buscan hacerse un cambio de look porque creen que con él, su vida mágicamente va a cambiar —hola, Newton-John y Travolta—; y lamento decirte que la cosa no va por ahí.

Te colocan extensiones, te tiñen el cabello, te maquillan espectacularmente y te montan en unos tacones de vértigo, y entonces esperas que el mundo caiga rendido a tus pies. Y puede que tu familia, tu novio o tus compañeros de trabajo te digan que te ves guapa, pero cuando pasen los días y vuelvas a la normalidad, y descubras que, salvo tu maquillaje y tacones, el mundo sigue igual, te frustrarás y hasta puede que te sientas fuera de lugar. ¿Vieron la película *Mi bella dama* (*My Fair Lady*)? Sí, ésa en la que Audrey Hepburn se somete al cambio de look más legendario de la historia. Una chica lumpen que vende flores en la calle es objeto de un experimento sociológico por parte de un lingüista y su mejor amigo, quienes deciden convertir a la modesta florista en una gran dama de sociedad. Después de muchas canciones y cambios espectaculares de vestuario y joyería, consiguen transformarla en una diosa. Pero al acabar el experimento, el lingüista dice a la chica que puede irse por donde llegó. Ella, contrariada, le replica: "¿Y a dónde? Ya no puedo volver a la calle a vender flores y tampoco soy una dama de sociedad real".

Ya lo dije: los cambios de look no son malos —de hecho me fascina hacerlos—, pero la persona que decide hacerse uno tiene que estar segura y preparada para ello. No es algo tan dramático como una cirugía plástica —en la que no hay vuelta atrás—, pero el proceso de preparación mental puede ser el mismo. Lo que hay que tener en cuenta es que un cambio tan importante tiene que venir de dentro. Si sigues siendo un ratoncito, no puedes llevar aún el traje de león; será sólo un disfraz. Pongamos como ejemplo que eres una mujer que tuvo un divorcio desagradable y quiere empezar una nueva vida. Sí, un cambio de look puede ayudarte a superar una crisis, pero el primer impulso para sobreponerte tuviste que hacerlo tú, antes. Tienes que estar segura, mental y emocionalmente, de que lo malo ya quedó atrás y que estás lista para seguir adelante. Debes estar realmente convencida de que *quieres* o *necesitas* que tu vida no sea la misma, sino diferente y mejor. Así, un cambio de look será excepcional, porque será el reflejo de tu ánimo, de tus deseos interiores por marcar un antes y un después, de ser una nueva tú. Si aún estás en el duelo por la relación o todavía tienes aspectos por resolver, espera un poco a sanar más; si no, el cambio de look no será más que una fachada, y ni tú ni nadie lo va a creer.

6. *Cuidado con los extremos*

La posibilidad de que te vueles al otro lado de la barda también existe, es decir, que te abras demasiado al cambio y que entonces quieras arriesgarlo todo y pasar de ser un gris oficinista... a David Bowie. Un actor puede hacerlo para interpretar diferentes papeles, pero el único que tú estás representando es el tuyo, sólo con variación de circunstancias. Conozco un chico que era ejecutivo de una compañía y tenía un cuerpo estupendo. En la oficina vestía como todo el mundo y alguien le sugirió —malamente— que con su figura podría llevar prendas más ajustadas y sexys. El chico siguió el consejo y, aunque las camisetitas embarradas y los jeans ultra-skinny le quedaban de maravilla, parecía que estaba en el gimnasio o en la playa, no en una oficina, y pronto recibió una llamada de atención. Quizá si sólo hubiera elegido camisas más stretch y pantalones rectos, hubiera conseguido el efecto de mostrar más su figura, sin pasar por alto los códigos laborales de vestimenta. Otro ejemplo es el de una persona que trabajó conmigo hace años; tenía problema de obesidad, y al perder peso pasó de vestir faldones y suéteres holgados a usar todas las prendas de lycra que encontró en su camino. Entiendo que tenía ganas de gritarle al mundo su triunfo contra el sobrepeso, pero creo que se dejó llevar un poco por la emoción y pasó de monja... a show girl. Más tarde entendió que entre estos dos extremos hay una serie de opciones muy lindas, sexys y elegantes, sin caer en lo demasiado obvio.

Si estás entusiasmado con cambiar, adelante. Sólo no olvides quien eres y cuál es tu estilo de vida. No vayas del saco de lana a uno de brocado metálico, ni de una falda debajo de la rodilla a unos micro shorts. No obstante, si quieres que el mundo se entere de tu cambio, te recomiendo la regla de los "dos o tres grados": cambia dos o tres aspectos de tu look actual. Si sólo usas trajes en colores oscuros, comienza a incluir tonos más claros; si sólo usas un tipo de prendas (faldas rectas o pantalones de vestir), comienza a usar variedades que ejerzan una función similar, pero que luzcan diferentes. Por ejemplo, una mujer puede variar hacia una falda línea "A", y un hombre hacia unos caquis o joggers, que ahora están tan de moda. Busca opciones diversas de texturas, cortes, colores... pero como te decía antes, trata sólo de cambiar dos o tres niveles de lo que usualmente te pondrías. Ése es el secreto para lograr un buen balance y que tu cambio sea notorio... sin ser demasiado estridente.

7. Que no le digan, que no le cuenten

Creo que con todo lo anterior, ya tendrás más claro cómo trabajar con un *personal shopper* y cuál es el servicio ideal que deberías recibir por su parte. No obstante, va de mi parte un último consejo que nunca viene de más: cuídate de los farsantes. Hoy, con el auge de las redes sociales, se han abierto canales para que más y más gente opine, muestre o venda cosas. Y la moda es un terreno donde los "expertos" se han multiplicado. Se trata de gente que publica lindas fotos de sí misma en actitudes muy "fashion", con bodegones de ropa, prendas que acaba de comprarse o imágenes de desfiles que están ocurriendo en Europa —cuando media hora antes anunció que estaba en Toluca. Y bueno, no es que esta gente sea mala ni peligrosa: se trata de fanáticos de la moda o que estudian una carrera relacionada con ella, y que sienten que, por el simple hecho de que algo les guste o porque visten medianamente bien, ya son automáticamente expertos en moda. Pero eso no puede ser más falso. Ellos venden una imagen que no es real, y si sólo se tratara de mostrar una fantástica vida social en línea, pues fenomenal y que Dios los bendiga; pero cuando pretenden ofrecer servicios profesionales para los que no están capacitados —como *personal shoppers*, estilistas o hasta conferencistas, hágame usted el favor—, entonces sí pueden convertirse en una amenaza, especialmente para quienes los contratan.

Antes, el número de seguidores era lo que ayudaba a identificar si un *influencer* aportaba más o menos algo interesante, pero, de un tiempo a la fecha, los seguidores y sus respectivos "likes" pueden comprarse por una módica suma. Entonces, descubrir a los impostores se vuelve mucho más difícil. ¿Cómo reconocerlos? Básicamente, trata de investigarlos un poco: de dónde vienen, dónde han estudiado, dónde trabajan o han trabajado, si tienen una vida laboral real además de la virtual. Si se trata, por ejemplo, de un *personal shopper* que tiene una cuenta de Instagram muy potente porque en ella muestra su trabajo editorial y comercial, y postea imágenes de sus proyectos profesionales, entonces puedes confiar. Es como cuando pides trabajo: el empleador revisa tu currículum y las referencias de trabajos anteriores. Tú puedes hacer lo mismo: piensa que estás contratando un servicio por el que vas a pagar.

Finalmente, te invito a que pienses en un *personal shopper* como alguien que te entrena para hacer algo que un futuro puedas hacer tú solo. Al crear un sistema de compras, te será menos engorroso hacerlas. No dependas siempre de alguien para hacer tus compras porque entonces tu vestuario puede perder espontaneidad, y a menos que seas un gran ejecutivo que trabaja sesenta horas a la semana y necesites ayuda constante, conviene más que solicites los servicios de un *personal shopper* unas cuantas veces, aprendas de él...y luego vueles con tus propias alas.

El otro lado de la moneda: comprar para alguien más

Comprar es un acto cotidiano que puede hacerse bien o mal. No obstante, comprar *bien* para alguien más es un verdadero arte. No quiero alardear, pero tampoco pecar de falsa modestia: ése es uno de mis talentos. Tengo buen ojo para conectar en mi mente a una prenda con una persona determinada y que la combinación funcione. Esto viene de conocer bien a la gente para la que estás escogiendo dicha prenda. Recuerdo que una vez, cuando yo era preadolescente, mi abuela materna estaba angustiada porque necesitaba un vestido para una fiesta. Tenía algunos en el armario, pero ya estaban muy pasados de moda o, terror de terrores, ya no entraba en ellos. No le di mucha importancia al tema, y ese fin de semana, pasando por un París-Londres —¿se acuerdan de esos almacenes?—, vi un vestido largo tipo caftán, de mangas perdidas, estampado en blanco y negro, que me pareció una belleza. De inmediato pensé: "Este vestido le quedaría pintado a mi abuela". Al volver a casa, le conté de mi hallazgo y noté cómo sus ojos cobraban más y más brillo conforme se lo iba describiendo. Ni tarda ni perezosa me pidió que la acompañara al día siguiente a ver el vestido, y así, sin más, se lo llevó. De verdad le quedaba estupendo: era una prenda ideal para una mujer mayor, pero con espíritu joven, que disimulaba partes de la figura que ya no estaban en su sitio y que, por el contrario, enmarcaba perfectamente su rostro y su siempre bien cuidada melena. Doña Eugenia fue, sin duda, la reina de la fiesta.

Siempre tuve ese sentido de saber qué podía quedarle bien a quién, y daba generalmente buenos consejos a quien me los pedía. Tiempo después, ya trabajando como periodista, tenía una amiga a la que le compraba zapatos cada vez que viajaba. Al principio comenzó encargándomelos con bastantes especificaciones que yo, no sé cómo, casi siempre satisfacía. Siempre cumplí sus expectativas; así que en poco tiempo dejó de darme instrucciones, simplemente me daba dinero y me decía: "Tráeme lo que quieras". Durante un tiempo hice esto de comprar para otras personas por gusto, nunca como negocio. A diferencia de la mayoría de la gente, cuando viajo no tengo problema alguno en buscar encargos para otros; de hecho, lo disfruto. A pesar de que durante mis últimos años viviendo en México empecé a tener algunos clientes para los que hice *personal shopping*, realmente me volví un PS con todas las de la ley cuando me mudé a Hong Kong y descubrí que el verdadero paraíso de las compras está en Asia.

Gracias a una amiga que trabajaba en la industria hotelera, quien me puso en contacto con algunas de sus huéspedes VIP, comencé a trabajar como PS de señoras chinas, cuyo único problema era que los horarios de las tiendas no eran lo suficientemente amplios para comprar todo lo que querían. Sí, hubieran sido felices si existieran boutiques que abrieran 24 horas al día. Sus presupuestos para gastar parecían infinitos, y compraban en Chanel igual que yo compraba naranjas en el supermercado. La experiencia fue única, sin lugar a dudas, porque tuve que educar un poco a estos seres que entraban a una tienda y, como podían comprarlo todo, se lo querían llevar todo, aunque les quedara espantoso. Entonces comenzó mi "entrenamiento": les pedí que antes de comenzar a comprar nos sentáramos un poco a charlar sobre lo que tenían en mente, lo que querían y por qué. Como yo les cobraba por hora, ellas preferían menos "bla, bla, bla" y más "cling, cling, cling" de las máquinas registradoras. Así que les ofrecí charlas fuera del tiempo de trabajo, sin costo, y por gusto. Y así accedieron. Poco a poco, comencé a quitarles de la cabeza la idea de que vestirse bien era comprarse todo lo que llevaba encima un maniquí, y a convencerlas de que comprar lo más caro y más de moda, si se te veía fatal, era una completa pérdida de dinero y —lo más importante para ellas— de prestigio. Les mostré que mezclando diferentes marcas podían tener una imagen más original y más propia: les enseñé a exaltar su personalidad. Les dije que tener la mejor prenda del mundo no era lo importante, sino saber llevarla, hacerla suya. Cada vez se mostraron más interesadas, y pronto nuestras sesiones de compras dejaron de ser un maratón contra el tiempo porque comprábamos menos, pero mucho más pensado, con más cabeza y corazón. Algunas de mis clientas aún me mandan una postal de vez en cuando, y para acontecimientos muy importantes, me consiguen un vuelo desde Singapur para que las ayude; y la pasamos de maravilla.

Si sientes que tienes este talento de saber lo que puede quedarle bien a alguien, es probable que puedas ser un buen *personal shopper*. De hecho, esta carrera es cada vez más popular en el mundo, incluso ahora las tiendas departamentales y malls ofrecen a sus clientes los servicios de estos consejeros de moda. Es una gran profesión; pero ¿cómo tiene que ser un *personal shopper*?

- *Un* personal shopper *debe*: ser empático, agradable, demostrar que sabe de lo que habla, pero hacerlo con sencillez, sin poses. Debe ser diplomático y paciente con sus clientes, no mostrarse jamás impositivo. Debe estar bien enterado de la historia de la moda y de las tendencias contemporáneas, para volverlas sus herramientas de trabajo y ofrecer una mayor variedad de propuestas de estilo a su cliente. Pero, lo más importante, debe conocer de fisonomías y tipos de cuerpo para saber qué prendas, siluetas y cortes le favorecen más.

- *Un* personal shopper *no debe*: ser dictatorial, pedante, hablar de moda subido en un pedestal, como si fuera el único que tiene acceso a esos conocimientos; hacer sentir ignorante a su cliente —porque él es quien paga sus honorarios— o imponer sus gustos personales a los del cliente a quien está vistiendo. Y, lo más importante, un *personal shopper* no debe ser improvisado: el hecho de que a alguien le guste ir de tiendas, haya leído un par de *Vogues* y sea fan de las pasarelas del mundo, no lo hace un profesional de la moda.

Así como antes mencioné lo que una persona tendría que esperar de un PS, ahora abordaré lo que éste debe ofrecerle a un cliente, para lograr una relación laboral fluida y eficiente.

1. Escucha... y analiza

Antes de iniciar cualquier proyecto con una persona, primero trata de conocerla bien. Cítala en tu oficina o en un lugar tranquilo, donde se sienta cómoda. Muestra amabilidad y hasta un poco de discreción cuando indagues lo que necesita, porque, como bien sabes, a veces una imagen personal deficiente corresponde a una vida interna un poco endeble, y hay que cuidar qué botones tocas para no presionar el equivocado. No uses nunca términos como *gordo*, *flaco* o *chaparro*, y mejor deja que sea el cliente quien se exprese explicándote sus inquietudes, que marque el rumbo de la conversación para que así sepas hacia donde ir. Gánate su confianza, trata de ir eliminando de su cabeza ideas negativas tales como "Me veo muy mal" o "Me siento poco atractivo", y comienza a trabajar en positivo diciéndole que en la moda no hay bueno ni malo, simplemente hay buenas o malas elecciones. Y que la belleza no es una talla o un prototipo: es un concepto con muchísimas variantes. Así te ganarás su confianza, pero, más importante, harás que tu cliente inicie el cambio en donde debe: en su interior.

2. Deja tus gustos a un lado

La idea de transformar a una persona nos fascina a todos los estilistas. Nos da una especie de poder divino que nos hace sentir dueños de los destinos de nuestros clientes. Tenemos la fantasía de convertir al sapo en príncipe. Pero da la casualidad que el sapo no quiere ser príncipe, sino simplemente encajar mejor con los otros sapos del estanque. Perdón si el ejemplo puede sonar despectivo, pero me parece que la analogía cae como anillo al dedo. Sí, tu cliente es un proyecto personal, pero tu trabajo será exitoso si él luce espléndido y se siente feliz consigo mismo por ello. Si se ve fabuloso, según tu punto de vista, pero él se siente extraño y su cambio más bien provoca rechazo, no debes decir: "Es que la gente es tonta y no sabe de moda", sino "¿No me habré pasado?, ¿qué hice mal?". Tienes que aceptar a tus clientes como son y no como tú quisieras que fueran. Ésta es una regla de oro.

3. Busca, busca, busca entre los trapos...

Si quieres ser un buen *personal shopper*, y no sólo eso: un buen estilista, debes tener un conocimiento muy amplio de lo que hay en el mercado. Hay estilistas que sólo saben vestir a la gente con cuatro marcas top. Y sí, seguramente podrán verse bien, pero hay todo un mundo más allá de Chanel —y eso que estoy hablando de mi firma fetiche. Es importante que conozcas las marcas top comerciales, las de nicho —que son más adecuadas para ciertas tribus de moda, como los diseñadores asiáticos o los creadores que llevan la delantera en tendencias—, pero también que estés familiarizado con lo que hacen las marcas de *fast fashion*, así como los diseñadores y artesanos locales. De esta manera, tus posibilidades de encontrar las prendas correctas para cada cliente se multiplicarán y podrás ofrecer un servicio más profesional.

4. P&P: *plan y presupuesto*

Ya que conoces las necesidades de tu cliente, es importante que armes con él un plan de trabajo y presupuesto. Antes que nada, además de tus honorarios, pregúntale cuánto quiere o puede gastar en este proyecto. Si el dinero no es un problema, entonces puedes seguir el plan con toda libertad; pero como esto sucede rara vez, tienes que ajustar muy bien la cantidad que tu cliente quiere gastar en las prendas que necesitan adquirir para el proyecto. Éstos son los puntos que tendrías que ofrecer en el plan:

- *El* mood board. Prepara una maqueta con fotos, ideas, colores y textiles que creas que puedan funcionarle como inspiración y así comenzar a hacerse una idea de la dirección que tomará el cambio.
- *Salva lo que puedas.* Analiza con tu cliente las piezas que hay en su guardarropa. Pregúntale qué es lo que usa con mayor frecuencia, lo que le gusta más. Concluye qué se puede rescatar —que funcione bien con las futuras prendas que llegarán a ese armario.
- Fitting *y* scouting. Una vez acordado el camino que tomarán, irán a un conjunto de tiendas —mientras más editado sea por ti, mejor— donde le mostrarás opciones al cliente y comenzará a probarlas. Al final del día, verán qué fue lo que le gustó más o menos, y con esto podrán planear el shopping necesario.
- *Selección de piezas.* Basado en el presupuesto, decide el número de prendas necesarias para conseguir un nuevo guardarropa versátil para tu cliente.
- *Shopping.* De acuerdo a lo elegido, pueden ir uno o varios días de compras para adquirir lo necesario.
- *Armar el rompecabezas.* Ya con todas las prendas, ayuda a tu cliente a formar los atuendos, sugiérele ideas, pero también invítalo a que se ejercite armando nuevas combinaciones por sí mismo.

5. Actitud

Mucha gente en el negocio de la moda piensa que el hecho de llevar una bolsa de marca o los zapatos más cool del momento le da el derecho a sentirse superior, y a ser desconsiderada con aquel que no tenga lo que ella posee. Mal, definitivamente mal. La ropa, cara o barata, no tiene que ser un trofeo o un "pedestal" en el que te subas para mirar a las personas por encima del hombro. La ropa es un elemento que te debe ayudar a expresarte, y me parece extraordinario que la gente se sienta divina con lo que lleva puesto, pero eso se proyecta, no se cacarea. Si alguien tiene que decirte que es fabulosa, es muy probable que no lo sea. Si entre tus clientes tienes a personas que *no* trabajan en la industria de la moda, hay que tener cuidado con la actitud, porque quizás entre tus colegas valga la conducta de *"bitch, please"*, pero la gente que no está familiarizada con ello puede pensar que eres un pedante, insoportable, sabelotodo, y no contratarte. Créeme, las divas están cada vez más fuera de onda... y ojalá se extingan pronto.

6. Prepárate para el trabajo

Así como hacer *scouting* es indispensable para ofrecer a tu cliente posibilidades suficientes que lo ayuden a cumplir con sus expectativas, es también fundamental que sepas qué buscar y por qué lo buscas. Si has estudiado una carrera relacionada con la moda, adelante: comienza a poner tus conocimientos en práctica con cautela, para ir ganando experiencia. Pero si no sabes nada de este negocio y sólo te gusta, entonces prepárate mejor. No te será difícil si ya tienes "el gusanito".

Te lo digo por experiencia: sólo la gente preparada logra hacer carreras firmes en este negocio. Los improvisados, al no tener raíces, se los lleva el primer viento de cambio.

En fin. No sé si antes habías pensado que comprar podía ser una profesión, o que alguien podía quitarte ese engorro si lo detestas. Ahora sólo queda especializarte en la materia, ya sea que compres para ti o para alguien más, no importa. Ve forjando tus trucos, estrategias y secretos, que quizá sólo quieras compartir con unos cuantos amigos cercanos. Yo, por mi parte, estoy dispuesto a compartir algunos de los míos con ustedes en el siguiente capítulo...

14. De comprador a comprador: tips de oro para el mejor shopping de tu vida

Compra lo que aún no tengas o lo que realmente desees. Y que siempre pueda mezclarse con lo que ya tienes. Compra porque algo te emocione, nunca por el simple acto de comprar.

KARL LAGERFELD

He sido comprador toda mi vida. He sido víctima, seguidor, amante, terapeado, estafado, dichoso y miserable de y por las compras. He pasado por todos los estadios: desear y no poder comprar, comprar sin deseo, comprar lo que siempre añoré... y ahora puedo también no comprar y sentirme feliz por ello. He comprado para otras personas y con ellas, como ya les he contado.

Y durante muchas aventuras, he estado acompañado por otros grandes compradores. Lucy Lara, mi coautora de *El poder de la ropa*, es una de las mejores compañeras que he tenido en la vida para muchas cosas: para escribir, para trabajar... Pero para comprar, no hay quien nos iguale. Lucy y yo podemos pasar una tarde entera en una boutique completamente tranquilos, relajados y felices probándonos zapatos, ropa, opinando el uno del otro... Nos estimulamos mutuamente para comprar algo que creemos que nos va de maravilla o que representa una gran oportunidad. Igualmente, cuando sentimos que algo no le funciona bien al otro, lo decimos y confiamos en nuestro mutuo sentido del juicio. Con Lucy he aprendido mucho a empatizar con las mujeres y a entenderlas dentro de un probador.

Esther Gómez, mi "hija secreta", como la llamo cariñosamente, es otra de mis grandes compañías en el shopping. Con ella he pasado tardes inolvidables en Chanel de la Rue Cambon, viéndola probarse ropa por horas y sintiéndome cada vez más entusiasmado al ver lo maravillosamente bien que le queda. Al ser más joven que yo, ella me ha guiado a través de la obra de nuevos diseñadores y me ha contagiado su pasión por muchos de ellos. Pero de la misma manera en que vamos a boutiques *high end*, adoro ir con ella a Zara y comprobar que, cuando tienes estilo, así te pongas una bolsa de papel encima, vas a verte bien. Y que estar a la moda no tiene que ver con presupuesto, sino con buenas elecciones. Ella es un poco la voz de mi conciencia y me obliga a reflexionar cuando cree que estoy a punto de hacer una de mis locuras... pero también las festeja cuando considera que valen la pena.

Fernando Toledo, otro de mis grandes amigos, ha sido un poco víctima de mi fascinación por el shopping. Durante gran parte de nuestra carrera, hicimos innumerables viajes juntos en los que —por cariño, seguramente— se dejó arrastrar por mi locura, que además era bastante intensa en esos años. Recuerdo que una vez estábamos los dos en París —durante el *prêt-à-porter*— con un grupo de amigos y una tarde, acabando un desfile, fuimos a dar un paseíllo y echarnos un rato sobre el césped en la Place des Vosges. Ellos se tiraron felices a embriagarse con la vista y el buen clima de aquella tarde de septiembre. Pero yo seguía de pie. "¿Por qué no te sientas?", preguntó alguien. Toledo me miró y, conociéndome, dijo: "No quieres poner tu bolsa en el suelo, ¿verdad?". Y no; no me apetecía que mi Chanel nuevecita y recién comprada fuera a ensuciarse. "¡Venga, no mames! Todos nosotros estamos tirados en el pasto húmedo", me dijo, a lo que yo respondí: "Pero mi bolsa me importa más que todos ustedes". Nos reímos de la broma, por supuesto; pero en efecto, siempre he dado un valor especial a mis prendas. Y esta devoción mía hacia la *couture* a veces ha sacado de quicio a Fernando. Debo decir que con los años aprendimos a negociar, y al final llevamos bastante bien el tema del shopping; incluso él aprendió a encontrarle el gusto, cabe decir.

Tengo muchas anécdotas en las que el shopping es como otro personaje en mi vida. Algunas ya las he contado, otras me las guardo, quizá porque tienen finales menos felices, pero todas son parte de mi vida y no puedo negarlas. Sí; el shopping es mi cardio, como diría Carrie Bradshaw —tengo la camiseta con la leyenda y todo. Pero ahora puedo decir, de manera honesta, que mi relación con el shopping es más madura, más sana, más... razonada. La actriz Tori Spelling decía: "Los malos hábitos al comprar mueren difícilmente". En parte tiene razón, pero creo que en tiempos como éste debemos esforzarnos por ser compradores más conscientes, más centrados, y tratar de que esos malos hábitos se conviertan en buenos; así no será necesario que mueran nunca.

¿Frívolo? Sí, ya me han acusado de serlo algunas veces, pero creo verdaderamente que la frivolidad con fundamento puede ser terriblemente encantadora. ¡Claro que se puede ser frívolo con sustancia! Un fashionista inteligente lo es. A lo largo de estas páginas nos hemos preguntado por qué y para qué compramos, y hemos hecho todo lo posible por hallar las respuestas. Si sabes por qué compras, también sabrás por qué usas lo que compraste y qué mensaje mandas al exterior con lo que llevas puesto. ¿Te ha pasado alguna vez que escuchas una canción y en algunos fragmentos no puedes entender al cantante? Lo mismo pasa con un mal shopping y, por ende, con una mala elección de vestuario: es como si estuvieras cantando una canción que nadie puede entender. Sin embargo, si ese vestido que te compraste resalta tu silueta y te hace ver sexy y poderosa, o si la chaqueta azul marino que estrenaste en la oficina te da prestancia y gallardía, es como una melodía cantada por Pedro Infante: con una voz clara y poderosa, cuya letra se entiende perfectamente.

En este libro he tratado de abarcar el shopping desde todos los ángulos posibles. Como no me cansaré de repetir: no busco enjuiciar ni sermonear a nadie; de entrada, porque yo detesto que lo hagan conmigo. Si disfrutas mucho del shopping o lo detestas, es tu decisión y personalidad. Si crees que tienes un problema con tu forma de comprar y quieres resolverlo, espero haberte dado alguna ayuda. Si quieres ser un comprador más asertivo, también espero haber sido de alguna utilidad. Simplemente he querido compartir contigo la experiencia que me han dado tantos años en este negocio de la moda, pero también tanto tiempo comprando por profesión y por pasión. Sí, en esto se aprende bastante: trucos, estrategias, picardías; y, a veces, a perder.

Quiero terminar el libro con algunos de mis secretos y reflexiones sobre el shopping que he ido formando con el tiempo. Quizá te puedan ser de utilidad.

No todo lo nuevo es bonito ni todo lo bonito es nuevo

Este furor que nos ha entrado por la novedad es una especie de meta que vemos siempre a lo lejos, y por tratar de alcanzarla, nos perdemos de lo mucho que hay en el camino. Utiliza las tendencias y no permitas que ellas te utilicen a ti. Está muy bien que te guste la moda y que seas un apasionado por estar "a la última". Claro que se puede, sólo que debes saber adaptar las tendencias a tus características personales y estilo. Si tienes hombros muy anchos, no te pongas sacos con hombreras, por mucho que estén *in*; si tienes mucha cadera no te pongas chaquetas acinturadas. Si eres hombre y eres bajo de estatura, no uses los pantalones amplios que también están regresando por sus fueros. Todo esto puede ser lo más *trendy*, lo más nuevo, pero no es necesariamente lo mejor para ti. Busca, en cambio, prendas de temporada que puedas mezclar con básicos que sabes que te favorecen. Por ejemplo, las últimas colecciones de Gucci han sido un himno al exceso, a lo estampado, lo bordado y lo colorido. Si eres una persona con curvas, con piernas cortas, con una estructura ósea que requiere balance, entonces no vayas nunca por el "total look". Prueba, en cambio, con unos jeans, una chaqueta, una bolsa o zapatos que puedas mezclar con otra prenda más neutral y que te favorezca. Digamos: si quieres disimular tu cadera, entonces ponte la chaqueta con una falda básica; si eres más curvilínea de la cintura para arriba, ponte la falda o pantalones barrocos y arriba, solo una blusa blanca lisa. Y la misma receta funciona para los hombres. De esta manera, podrás tener un look de última, pero pensado para ti, y de esta forma no serás esclavo de las tendencias.

Counterfeits

Éste es un tema delicado, pero aunque lo evitemos no conseguiremos acabar con él. Las imitaciones de bolsas de mano, carteras, accesorios y hasta ropa constituyen un negocio fuerte y bien establecido en el mundo, que está muy integrado a la cultura colectiva. Anuar Layon, el joven empresario mexicano creador de la famosa chamarra "Mexico is the shit", se enfrentó a este carcoma: su chamarra comenzó a ser copiada descaradamente. "Es algo en lo que tenemos que empezar a trabajar como cultura, educando a la gente. El decir 'es que me sale más barato' es algo muy arraigado, pero no sabe que, al comprar una copia, daña la economía de su propio país..." y promueve el crimen, porque al final, una copia pirata es un robo de una creación intelectual.

Hace un par de años hacía yo fila en un Starbucks de Polanco y noté a dos chicas que charlaban amenamente detrás mío y llevaban sendas bolsas de Louis Vuitton falsas. Por coincidencia yo llevaba también la mía, viejita pero original. Al notarla, una de ellas me abordó: "Que bonita está tu bolsa, ¿en qué tianguis la compraste?". Yo sentí que me ponía rojo del coraje. Le respondí tajante: "Yo no compro Vuitton en tianguis", y la chica puso cara de regañada. Al final entendí algo: quizás ella no estaba realmente al tanto de que las bolsas que se venden en los tianguis fueran falsas. Quizás ella pensaba que realmente estaba comprando una bolsa de Vuitton porque jamás se había acercado a la boutique a ver cuánto cuesta una bolsa original de la firma. Muchos de ustedes seguro pensarán que esto no es posible, y que yo soy un pobre inocente al contarles esta historia. Pero detengámonos un momento a pensar: si existen personas que no saben cuántos estados tiene la República Mexicana, ¿no es creíble que no sepan cuál es el valor real de una Vuitton y que dentro de su percepción del mundo crean que lo que están comprando en el mercado es realmente una bolsa de LV? Pues es verdad: cuando he dado alguna conferencia, se ha acercado a mí alguna chica para mostrarme su Chanel que compró "con una señora que las vende por su casa", y ella ha estado convencida de que eso es Chanel. Esto sólo se puede modificar, como dijera Layon, con educación. Me parece más grave la gente que consume copias sabiendo que lo son y pretendiendo que son originales: esto demuestra, más que otra cosa, una carencia total de estilo, porque están usando una prenda para hacerle creer al mundo que son alguien que no son. Así de simple: se están disfrazando. Es mucho más honesto llevar una bolsa de Bershka (que tiene unas muy divertidas, cabe decir) que una falsificación. Lo falso no es cool.

Aun adquiriendo las famosas copias *high quality* que llegan de China a Nueva York o México —cuyo nivel de manufactura es tan cuidado que sólo un experto con muy buen ojo podría saber que la pieza es falsa—, quien las consume es falso consigo mismo: el lujo debe ser para ti, no para los demás. No es un trofeo; es un placer personal, egoísta. Si no te alcanza para una bolsa de marca, piensa que hay un mundo de opciones igualmente hermosas y originales al alcance de todos los presupuestos. Ahora, si puedes pagar una bolsa original, pero te duele el codo, y por ello compras una falsificación… entonces tienes un problema de autoestima que te invito a resolver, porque inconscientemente crees que no eres digno de invertir en ti.

¿Mi consejo sobre las falsificaciones? No las compres. Se deforman, envejecen muy mal y se ven horrorosas a los dos días de uso. ¿Y lo peor? Que siempre, donde menos te lo imaginas, alguien, quizá quien menos desearías, descubrirá que tu bolsa es una imitación. Y te querrás morir. Eso en verdad es dinero tirado a la basura.

Shopping y estilo

A pesar de que soy una persona que tiene tendencia a la investigación de campo y suelo entrar a ciertas tiendas sólo para ver qué tienen de nuevo o hacia dónde está dirigiéndose la moda —ver cómo compra la gente es un termómetro fascinante para percibir cómo funcionan las tendencias—, cuando se trata de comprar para mí tengo bastante claro dónde encontrar lo que quiero. Por ejemplo, al llegar a un mall sé a qué tiendas y secciones tengo que ir. Hay marcas a las que ni siquiera me molesto en mirar porque ya sé que no tienen nada para mí. Y puedo ir cambiando de opinión y estrategia, pero para hacerlo generalmente me baso en la información: si leo sobre un nuevo diseñador o sobre la colección de una marca que no solía gustarme, pero que ahora tiene piezas interesantes, entonces cambio la "hoja de ruta" e incluyo nuevas paradas. Te invito a que trates de acostumbrarte paulatinamente a hacer esto, pues te volverá el shopping más ligero. Finalmente, entrar a toda tienda que se cruce en tu camino es bastante cansado, y por mucho que te gusten las compras, al final terminarás hartándote.

Moda de ayer que luce divina hoy

Comprar cosas de otras temporadas que no sean necesariamente vintage es algo que he encontrado muy excitante y conveniente para mi bolsillo. Por ejemplo, soy súper fan de los zapatos de Prada. Casi cada temporada intento comprarme por lo menos un par. Pero hay colecciones en las que mi querida Miuccia pierde el norte —para mi gusto, ¿eh?—, y ninguno de sus zapatos me dice nada; ni uno. Lo que hago entonces es ponerme a la caza de piezas de una o dos temporadas atrás, en las que puede haber muchos modelos que me gusten, pero que no pude comprar en su momento. De esta manera, encuentro verdaderas oportunidades, y a precios muy convenientes. Puedo ir lo mismo al outlet que comprarlos en páginas web como Yoox o Gilt, donde en ocasiones he conseguido piezas extraordinarias hasta con 80 o 90 por ciento de descuento. Al final, se trata de piezas de gran calidad, sin duda hermosas, cuyo único "defecto" es ser de temporadas anteriores, cosa que a mí me da exactamente lo mismo. Mientras me gusten y luzcan bien, ¿qué importa que sean de hace un año? Tampoco es que la moda cambie tan dramáticamente de una temporada a otra, y menos para los hombres. Y en mi experiencia, a veces llevar una pieza fuerte de otra temporada es más atractivo visualmente que llevar una del momento que todos usan, por la simple y sencilla razón de que tú eres más original al estar jugando con tus propias reglas.

¿Mucho barato?

Ya lo dije antes: con el tiempo he aprendido a poner mi dinero en una prenda de calidad antes que en muchas de precio bajo. Por supuesto que habrá quienes, por necesitar ropa variada para la escuela o la oficina, tienen que recurrir a piezas más baratas, lo cual es perfectamente válido. No obstante, y conforme tus necesidades básicas de vestimenta se vayan satisfaciendo con el tiempo, trata de adquirir piezas más duraderas y de buena calidad. En lugar de comprar cuatro pantalones en The Gap, compra uno de Zegna. En vez de llevarte cinco prendas de las rebajas de Banana Republic, ve por un vestido a Diane von Fürstenberg. Estas prendas te durarán años, si las cuidas como es debido, y pasarán a formar parte de tu guardarropa básico, lo cual te permitirá darte más gustitos en el futuro.

Sigue tus instintos

Las prendas que más valoro en mi armario son aquellas que he comprado instintivamente, por las que he sentido una atracción irremediable. Recuerdo cuando tuve que comprar mi primer smoking, hará unos veinte años. Estaba de viaje en Nueva York y tenía que asistir a una cena cuyo código de vestimenta era "*black tie*", lo que para nosotros sería la famosa "etiqueta rigurosa". Y como en Nueva York no es tan fácil saltarte los códigos de vestir, porque simplemente pueden impedirte la entrada al evento, me di a la tarea de comprar la prenda. En una sola tarde, me pateé todas las tiendas que pude y me probé muchísimos: de precio correcto o desorbitado, de corte clásico o mega moderno. Unos me gustaron más que otros, pero ninguno me había hecho sentir algo especial. Pero cuando entré a Barneys, vi uno entre la multitud: un smoking con chaqueta en raso y pantalón en grano de pólvora de Armani. El corte estaba inspirado en uno clásico, pero sus líneas eran más suaves y esto lo hacía más moderno; justo el perfecto balance que estaba buscando, algo más atemporal, pero no aburrido. Me lo probé y me quedó perfecto. Tuve esta sensación de una prenda que te cae tan bien al cuerpo que parece que naciste con ella puesta. Y aunque el precio era un poco más elevado de lo que yo tenía planeado gastar, lo compré sin dudarlo porque tenía claro que estaba invirtiendo en algo que me iba a durar mucho tiempo. Y así fue: a pesar de que ahora tengo un par más de smokings, éste especialmente no he dejado de usarlo porque siempre me luce bien, es una apuesta segura. Ahora, si dividiera la cantidad que pagué por él, entre el número de veces que lo he usado —incluso me he puesto sólo la chaqueta en looks más casuales— podría decirte que resultó completamente redituable.

Así podría seguir contándote historias de buena parte de mi ropa, pero no quiero aburrirte. Mi consejo es el siguiente: cuando veas una prenda que te entre por los ojos y de ahí baje hasta el corazón y estómago —y sientas en tus entrañas ese aleteo de emoción—, significa que tu instinto está actuando y debes escucharlo. Si te pruebas la prenda, la sientes tuya y te imaginas en diversas circunstancias con ella puesta, es para ti. No lo pienses, y si te lo puedes permitir, llévatela de inmediato. Así como te he dicho que seas cauto cuando no estás seguro de que algo te gusta, también te digo que cuando tu instinto te habla, es poco probable que esté equivocado. A mí nunca me ha fallado.

Olvida los prejuicios

El shopping debe ser un acto placentero. Siempre. Así se haga por necesidad u ocio, debe ponerte de buenas, brindarte esparcimiento. Y debe ser un acto consciente y *guilt free*: sin culpas. Si comprar te da remordimientos, te hace sentir irresponsable o superficial, entonces mejor no lo hagas. Pero es importante que tengas en mente que si tus compras son conscientes, pensadas y sobre todo están decididas, manda entonces a los prejuicios a tomar viento y no dejes que te amarguen la experiencia. Tampoco hagas caso de lo que digan los demás: si gastas poco, mucho o todo *tu dinero*, es problema tuyo; no tienes que rendir cuentas a nadie. Y si tus amigos te llaman "shopaholic", "fashion victim" o "irresponsable", míralos a los ojos y responde: "A mucha honra". Mientras no estés gastando el dinero de alguien más, no hagas caso de gente prejuiciosa. La vida es muy corta.

No compres sin ganas

Comprar sin ganas es la peor idea que existe en el mundo. Como te decía en la sección anterior, comprar debe ser una experiencia placentera, pero a veces simplemente no estás de humor, y es entendible. No obstante, en ocasiones tendemos a hacer las cosas por sistema: vamos al centro comercial el sábado por la tarde porque no hay otra cosa que hacer. "A ver qué veo", te dices a ti mismo, y sí, si te gusta comprar, algo caerá seguramente, pero no porque lo necesites o lo desees, sino por escapar del tedio. Entonces, muy probablemente lo que compres terminará arrumbado y meses más tarde lo regalarás o tirarás, porque la verdad, nunca te gustó. Ésta es la forma más fácil de tirar dinero a la basura: comprar sin deseo de hacerlo. Si no tienes nada que hacer y estás aburrido, busca actividades en tu propia casa, o bien sal a dar un paseo, llévate un libro o una revista y aprende a vivir el mundo sin tener que pasar siempre por el mall. El secreto de un buen comprador es saber que no todo en el mundo son las compras.

Comprar cuando tienes poco tiempo

Ya te conté un poco de esto en el capítulo de viajes: comprar con poco tiempo es posible, pero siempre hay que hacerlo con un plan. Salir a comprar a tontas y a locas durante una hora o dos es casi lo mismo que comprar sin ganas: un viaje directo y sin escalas a gastar en cosas inútiles. Te pondré un ejemplo: digamos que tienes que adquirir una blusa blanca porque la necesitas al día siguiente para un compromiso. El problema es que sólo tienes tu hora de comida para hacerlo. ¿Qué puedes hacer? Cómete una barrita de proteína y dedica ese tiempo a buscar lo que necesitas. Pero tienes que ir a lo seguro, por ende, escoge un máximo de tres sitios en los que suelas comprar, donde sabes que las prendas te quedan bien y te gustan. Entra a cada una y haz un recorrido visual por lo que estás buscando. No te pares a ver los sacos o las faldas que están monísimas... ya tendrás tiempo el fin de semana para ello. Ahora, concéntrate en tu blusa. Ve un par de opciones y pasa a la siguiente tienda. Haz lo mismo en los tres sitios que visites, y al final decide cuáles prendas son las que más te gustaron (tres, como máximo) y ve a probártelas. Escoge la que más te guste de todas y llévala contigo. ¡Misión cumplida! Así se planea una sesión de compras "contra reloj".

Claro que hay cosas que requieren más pausa: no te vas a comprar un vestido de noche a la hora de la comida... aunque sí puedes ir a ver unos cuantos e ir armando un *mood board* mental con los vestidos que te gustan, para que cuando tengas un poco más de tiempo, puedas escoger el definitivo. Otra cosa que es complicada de hacer con poco tiempo es buscar un regalo para alguien sin tener muy claro lo que quieres. *Tener muy claro lo que quieres*: éste tendría que ser un mantra del buen comprador, porque sabiendo esto, tienes resuelto todo lo demás: tiempo —cuándo comprar—, sitio —dónde comprar— y dinero —cuánto gastar. La fórmula es muy sencilla: tomar una prenda, llevarla a la caja, pagarla y salir de la tienda con ella no te lleva más de 5 minutos. Lo que puede tomarte horas o días es decidir cuál es la prenda elegida. Así de simple.

No compres...

...lo que no podrías pagar en un lapso mayor a tres meses.

...por demostrarle al mundo que puedes hacerlo.

...para aparentar lo que no eres.

...por aburrimiento.

...por si llegara a hacer falta.

...prendas que no puedas usar de inmediato.

...como pretexto para relacionarte con tus amigas.

...única y exclusivamente porque está barato.

...por costumbre.

...con estados anímicos alterados.

Compra...

...lo que te apasione, te ilusione, te haga feliz.

...siempre sosteniendo una íntima relación con tu propia economía.

...lo que puedas permitirte sin que cause problemas en tu vida.

...para aderezar y extrapolar tu personalidad.

...por evadirte, por soñar... pero sin dejar de tener los pies en la tierra.

...lo que te guste, no lo que otros quieren hacerte creer que te gusta.

...con el corazón, pero también con la cabeza.

...cuando algo esté barato, pero también cumpla una función en tu vida.

...tus regalos por adelantado. Es la mejor forma de regalar bien.

...como sólo tú podrás hacerlo. Desarrolla tu sexto sentido, tu capacidad personal de comprador. Eso, al igual que tu belleza o personalidad, tiene que ser tan único como lo eres tú.

De esta manera llegamos al final del recorrido. Quizá más informados y con ganas de tomar por los cuernos este toro llamado shopping. La verdad, yo mismo he aprendido mucho a lo largo de estas páginas, porque al sentarme a escribir mis experiencias en este rubro, de alguna manera hice conscientes una serie de gustos y actitudes inconscientes que tengo hacia el shopping. Espero también haber eliminado algunos prejuicios subyacentes en nuestra cultura, como que el shopping es sinónimo del consumismo, o que a quienes nos gusta comprar somos frívolos e inconscientes. Sí, puede que haya algunos shopaholics que sean así, pero seguramente también hay contadores, médicos o individuos de cualquier profesión que tomen una actividad a la ligera y con frivolidad: esto no es privativo de la gente que compra ni de quienes adoran la moda.

En el mundo hay gente muy buena y muy mala para hacer determinadas cosas: trabajar, estudiar, dar consejos, ser felices, vivir... y comprar. De verdad espero que mi experiencia en el "campo de batalla" te sirva para generar, a tu vez, experiencias propias y volverte un verdadero soldado del shopping. Trata de comprar con asertividad, con conciencia; con emoción, pero también con inteligencia. Tu forma de comprar debe ser un reflejo de cómo haces otras cosas en la vida: con pasión. Alguien que adora lo que hace, que se quiere a sí mismo y a los demás, que siempre trata de ver el lado amable del mundo, seguramente es un comprador extraordinario... o espero que, con la modesta ayuda de este libro, ya estés en camino de serlo.

Esta obra se imprimió y encuadernó
en el mes de septiembre de 2017,
en los talleres de Impregráfica Digital, S.A. de C.V.,
Calle España 385, Col. San Nicolás Tolentino,
C.P. 09850, Iztapalapa, Ciudad de México.